中等职业教育改革创新示范教材
职业院校汽车运用与维修专业实训教材

汽车发动机常见维修项目实训教材

（第 2 版）

中国汽车维修行业协会　组织编写
朱　军　丛书主编
高作福　李玉明　本书主编

人民交通出版社股份有限公司
China Communications Press Co.,Ltd.

内 容 提 要

本书为教育部中等职业教育改革创新示范教材、职业院校汽车运用与维修专业实训教材,从汽车维修企业生产实践中精选出最常见的发动机维修作业项目共计20个,作为实训课教学内容,适合中等职业院校汽车运用与维修专业的学生使用。

图书在版编目(CIP)数据

汽车发动机常见维修项目实训教材 / 朱军主编. —2版. —北京:人民交通出版社股份有限公司,2018.5
ISBN 978-7-114-12787-8

Ⅰ.①汽… Ⅱ.①朱… Ⅲ.①汽车—发动机—维修—中等专业学校—教材 Ⅳ.①U472.43

中国版本图书馆CIP数据核字(2018)第047367号

书　　名:	汽车发动机常见维修项目实训教材(第2版)
著 作 者:	朱 军
责任编辑:	翁志新　张一梅
责任校对:	孙国靖
责任印制:	张 凯
出版发行:	人民交通出版社股份有限公司
地　　址:	(100011)北京市朝阳区安定门外外馆斜街3号
网　　址:	http://www.ccpress.com.cn
销售电话:	(010)59757973
总 经 销:	人民交通出版社股份有限公司发行部
经　　销:	各地新华书店
印　　刷:	北京市密东印刷有限公司
开　　本:	787×1092　1/16
印　　张:	15.25
字　　数:	321千
版　　次:	2009年12月　第1版 2018年5月　第2版
印　　次:	2019年11月　第2版　第2次印刷　累计第11次印刷
书　　号:	ISBN 978-7-114-12787-8
定　　价:	37.00元

(有印刷、装订质量问题的图书由本公司负责调换)

职业院校汽车运用与维修专业实训教材
编写委员会

主　　　任：康文仲
副 主 任：刘 杰　于 敏　孟 秋
委　　　员：（排名不分先后）
　　　　　　张京伟　朱 军　魏荣庆　李怡民
　　　　　　高 巍　卞良勇　王振军　渠 桦

丛 书 主 编：朱 军
本 书 主 编：高作福　李玉明
本书副主编：瞿忠军　王圣利
支 持 单 位：德州交通职业中等专业学校

序言

随着汽车工业的飞速发展,特别是电控技术在汽车上的广泛应用,对汽车维修技术的要求越来越高,掌握现代维修技术的技能型人才十分短缺。因此,教育部、原交通部等六部委启动的"实施职业院校制造业和现代服务业技能型紧缺人才培养培训工程"将"汽车运用与维修"列为第一批的四个专业领域之一,但由于传统的实训课程内容和模式已不能完全适应汽车维修企业的实际需要,所以,探索汽车维修实训课程教学内容和教学模式,是汽车维修职业教育改革的重点内容。选择哪些作业项目作为实训课的教学内容?采用什么教学方法作为实训课的教学模式?这是汽车维修教学中最重要的问题。

汽车维修职业教育的培养定位,是为汽车维修企业培养能够实现零距离上岗就业的一线技术工人。因此,实训课最重要的就是要解决"教什么"和"怎么教"的问题。

本教材正是为深入贯彻落实教育部办公厅、原交通部办公厅、中国汽车维修行业协会和中国汽车工业协会《关于确定职业院校开展汽车运用与维修专业领域技能型紧缺人才培养培训工作的通知》(教职成厅〔2003〕6号)的精神,紧扣"培养培训指导方案"的要求,来探讨实用汽车维修作业项目实训课实车工艺化教学方法的,在教学内容上大量采用的是源自汽车维修一线的实用作业项目,教学方法则采用在实车上按照实训课工艺化教学要求来完成的教学模式,使每个作业项目直接针对实际的整车来完成,增加了实景实车教学的现场感,增强了学生对实车修理过程的真实感。

希望这种汽车维修职业教学实训课程开发的新思路和新理念,能够使汽车维修职业学校的学生更快地融入汽车维修企业的生产实践中,实现零距离上岗就业,为广大的汽车维修企业提供高素质、掌握现代汽车维修技术的技能型人才。

康文仲

为了深入贯彻落实教育部办公厅、交通部办公厅、中国汽车维修行业协会和中国汽车工业协会《关于确定职业院校开展汽车运用与维修专业领域技能型紧缺人才培养培训工作的通知》的精神,在中国汽车维修行业协会的牵头下,组织了王凯明、朱军等一批业内知名专家,以及德州交通职业中等专业学校和宁波市鄞州职业高级中学的老师,于2009年推出了"职业院校汽车运用与维修专业实训教材"4本,2011年推出了"职业院校汽车车身修复专业实训教材"2本,共6本实训教材。这套教材解决了职业院校实训课"教什么"和"怎么教"的问题,出版以来,反馈良好,已数次重印。

近年来,汽车行业飞速发展,职教改革不断深入,对汽车专业的教学提出了新的要求,因此,在中国汽车维修行业协会的牵头下,2016年下半年启动了这6本实训教材的修订工作。本次修订参考了《中等职业学校专业教学标准(试行)》中汽车运用与维修专业(专业代码082500)教学标准,更换了车型,增加了一些新内容,剔除了一些旧内容,对章节结构进一步梳理、重新调整,使内容更加贴近教学要求,旨在为新形势下的汽车职业教育提供更好的服务。

《汽车发动机常见维修项目实训教材》是其中一本,本书第一版于2013年5月8日被教育部遴选为第二批中等职业教育改革创新示范教材。此次修订,完全更新了"事先准备工作"和5个项目的内容,更新的项目全部以上汽通用科鲁兹车型为例进行讲解;通过删除和合并项目,减少了3个维修项目;对不合理的技术内容进行了调整,从而使教材内容更加完善。

本书由高作福、李玉明担任主编,瞿忠军、王圣利担任副主编,参加编写的还有孙波、代军、王少行、郑广峰、张利军、张骞等。

限于编者的经历和水平,书中难免有不妥或错误之处,敬请广大读者批评指正,提出修改意见和建议,以便再版修订时改正。

职业院校汽车运用与维修专业实训教材编写委员会
2018年1月

教材使用说明

一、本教材与以往的汽车维修实训教材的不同之处

1. 汽车维修实训项目的选择

本教材的所有实训项目,都是根据汽车维修一线的实践统计选择出来的最常见、最实用的汽车维修项目,它仅仅包含了汽车维护的全部内容和常见的维修检测项目。因此,不同于以往实训教材那样按照汽车的各个系统完整地罗列出所有的维修项目。这样选择主要是为了体现出汽车维修项目的实用性,希望学生在实训中学到汽车维修实践中最常见的维修项目,使学生在学校里学到的实际技能,与汽车维修企业中遇到的维修项目实现零距离接轨,同时也是为了更加准确地划定汽车维修实训项目的最小范围,以便最大限度地降低实训课教学成本。

2. 实训教材编写形式

本教材在实训操作步骤编写上采用了与以往教材不同的形式。以往实训教材的操作步骤采用顺序编号后的文字描述形式来表达,本教材则采用系列照片组附加文字的方式来进行操作步骤的表达,每一个维修实训项目都会采用几十张步骤连续的系列照片来讲授。这样的编写形式是为了正确规范地传授实训课程中的技能要点。在以往的实训教材中用文字的形式不可能达到这个目的,文字只能给实训老师一个顺序提示,真正的实训技能点还要靠老师在实训过程中用自己的经验进行现场传授,这样就使得不同的老师在传授技能时产生了不同的差异,这也就使得技能传授无法统一规范。

3. 实训课组织形式

在教学过程中,采用1~2名教师带2~4组学生(每组4人),同时对实训场地中2~4辆实车通过作业的实训课工艺化教学模式来完成。实训课工艺化教学模式是采用一对多组的并联教学方式,在老师讲解示范的过程中,运用视频投影的方法扩大现场的可视范围,提高动作细节的可视度,解决一对多组教学的示范观摩

难点;同时将作业项目根据学生一次所能接受掌握的程度细分为若干个简单的工序步。老师每示范一个工序步,就让各组同学操作一个工序步,步步紧跟,每步皆停,统一节奏,这样就把一个复杂连续的技能教学过程分解成一个个独立简单的工序教学过程。在教学中,老师只要合理地把握了每个工序的教学工艺节奏,也就把握住了教学的全过程。这也是实训课"工艺化"教学模式的最大特点。

实训教学由老师的示范开始,通过投影视频图像和同步讲解,带领各组同学同时操作。老师播放一段视频影像,讲解一段操作工艺,同学们观看一段影像资料,跟随一段实际操作,这样的教学将技能操作通过屏幕放大展现给全体同学,老师同步讲解要领,同学们跟进实际操作,老师现场观察随时纠正动作,只有这样,才能完成由一名老师指导多组同学的实训课程教学。

在实训工序中,一个小组的两名同学实际操作,另两名同学现场观摩。每完成一个实训项目交换一次。这样的教学组织相当于每个同学在实训中都能够至少看一遍、再干一遍,这样有利于一边揣摩、一边操作,便于观摩中相互讨论,操作中相互交流。

二、本教材适用范围

由于本教材所选实训项目为最常见、最基本和最实用的汽车维修项目,因此,适合各类不同层次的职业学校学生选修。同时由于这些实训项目是源自汽车维修一线的常见维修项目,因此不仅在学校期间可以作为教材使用,还可以在同学们分配到汽车维修企业后继续作为维修指导手册使用。这是一本可以跟随同学们一起走进工厂的实用书籍。

事前准备 ········· 1	八、考核标准 ········· 28
一、场地安全 ········· 1	**项目三　更换燃油滤清器** ········· 30
二、操作前准备 ········· 1	一、项目说明 ········· 30
三、安装三件套 ········· 2	二、技术标准与要求 ········· 30
四、打开发动机舱盖 ········· 3	三、实训时间：45min ········· 30
五、铺设前格栅布及左右翼子板布 ····· 4	四、实训教学目标 ········· 30
整理工位 ········· 5	五、实训器材 ········· 31
	六、教学组织 ········· 31
项目一　检查、更换冷却液 ········· 7	七、操作步骤 ········· 31
一、项目说明 ········· 7	八、考核标准 ········· 41
二、技术标准与要求 ········· 7	**项目四　清洁或更换空气滤清器**
三、实训时间：90min ········· 8	········· 42
四、实训教学目标 ········· 8	一、项目说明 ········· 42
五、实训器材 ········· 8	二、技术标准与要求 ········· 42
六、教学组织 ········· 8	三、实训时间：25min ········· 42
七、操作步骤 ········· 8	四、实训教学目标 ········· 42
八、考核标准 ········· 17	五、实训器材 ········· 43
项目二　更换机油及机油滤清器	六、教学组织 ········· 43
········· 19	七、操作步骤 ········· 43
一、项目说明 ········· 19	八、考核标准 ········· 45
二、技术标准与要求 ········· 19	**项目五　汽缸压力检测** ········· 47
三、实训时间：90min ········· 20	一、项目说明 ········· 47
四、实训教学目标 ········· 20	二、技术标准与要求 ········· 47
五、实训器材 ········· 20	三、实训时间：45min ········· 48
六、教学组织 ········· 21	四、实训教学目标 ········· 48
七、操作步骤 ········· 21	五、实训器材 ········· 48

六、教学组织 …………………… 48
　　七、操作步骤 …………………… 49
　　八、考核标准 …………………… 59

项目六　检查、清洁或更换火花塞
　　　　　　　　　　　　　　　…… 61
　　一、项目说明 …………………… 61
　　二、技术标准与要求 …………… 62
　　三、实训时间：30min ………… 62
　　四、实训教学目标 ……………… 62
　　五、实训器材 …………………… 62
　　六、教学组织 …………………… 62
　　七、操作步骤 …………………… 63
　　八、考核标准 …………………… 71

项目七　检测、更换点火高压导线
　　　　　　　　　　　　　　　…… 72
　　一、项目说明 …………………… 72
　　二、技术标准与要求 …………… 72
　　三、实训时间：30min ………… 73
　　四、实训教学目标 ……………… 73
　　五、实训器材 …………………… 73
　　六、教学组织 …………………… 73
　　七、操作步骤 …………………… 73
　　八、考核标准 …………………… 80

项目八　更换发动机传动皮带和皮带张紧器 …… 81
　　一、项目说明 …………………… 81
　　二、技术标准与要求 …………… 81
　　三、实训时间：90min ………… 81
　　四、实训教学目标 ……………… 81
　　五、实训器材 …………………… 82
　　六、教学组织 …………………… 82
　　七、操作步骤 …………………… 82
　　八、考核标准 …………………… 87

项目九　检查、更换节温器 …… 89
　　一、项目说明 …………………… 89

　　二、技术标准与要求 …………… 90
　　三、实训时间：45min ………… 90
　　四、实训教学目标 ……………… 90
　　五、实训器材 …………………… 90
　　六、教学组织 …………………… 91
　　七、操作步骤 …………………… 91
　　八、考核标准 …………………… 104

项目十　更换油底壳衬垫及机油泵
　　　　　　　　　　　　　　　…… 106
　　一、项目说明 …………………… 106
　　二、技术标准与要求 …………… 106
　　三、实训时间：90min ………… 106
　　四、实训教学目标 ……………… 106
　　五、实训器材 …………………… 106
　　六、教学组织 …………………… 107
　　七、操作步骤 …………………… 107
　　八、考核标准 …………………… 119

项目十一　检查、清洗或更换喷油器
　　　　　　　　　　　　　　　…… 120
　　一、项目说明 …………………… 120
　　二、技术标准与要求 …………… 120
　　三、实训时间：45min ………… 121
　　四、实训教学目标 ……………… 121
　　五、实训器材 …………………… 121
　　六、教学组织 …………………… 121
　　七、操作步骤 …………………… 121
　　八、考核标准 …………………… 131

项目十二　怠速转速、点火正时检查与调整 …… 133
　　一、项目说明 …………………… 133
　　二、技术标准与要求 …………… 133
　　三、实训时间：30min ………… 134
　　四、实训教学目标 ……………… 134
　　五、实训器材 …………………… 134
　　六、教学组织 …………………… 134
　　七、操作步骤 …………………… 134

八、考核标准 …………………… 142

项目十三　检查、更换氧传感器
………………………………… 143
　　一、项目说明 …………………… 143
　　二、技术标准与要求 …………… 143
　　三、实训时间：45min …………… 143
　　四、实训教学目标 ……………… 143
　　五、实训器材 …………………… 144
　　六、教学组织 …………………… 144
　　七、操作步骤 …………………… 144
　　八、考核标准 …………………… 152

项目十四　检查、更换冷却液温度传感器 ………………… 153
　　一、项目说明 …………………… 153
　　二、技术标准与要求 …………… 153
　　三、实训时间：45min …………… 154
　　四、实训教学目标 ……………… 154
　　五、实训器材 …………………… 154
　　六、教学组织 …………………… 154
　　七、操作步骤 …………………… 154
　　八、考核标准 …………………… 159

项目十五　检测故障指示灯亮（进行自诊断）………… 161
　　一、项目说明 …………………… 161
　　二、技术标准与要求 …………… 161
　　三、实训时间：30min …………… 161
　　四、实训教学目标 ……………… 161
　　五、实训器材 …………………… 161
　　六、教学组织 …………………… 162
　　七、操作步骤 …………………… 162
　　八、考核标准 …………………… 166

项目十六　检查、调整气门间隙
　　一、项目说明 …………………… 167
　　二、技术标准与要求 …………… 167

　　三、实训时间：30min …………… 167
　　四、实训教学目标 ……………… 167
　　五、实训器材 …………………… 167
　　六、教学组织 …………………… 168
　　七、操作步骤 …………………… 168
　　八、考核标准 …………………… 176

项目十七　检查、更换节气门位置传感器 ……………… 178
　　一、项目说明 …………………… 178
　　二、技术标准与要求 …………… 179
　　三、实训时间：90min …………… 179
　　四、实训教学目标 ……………… 179
　　五、实训器材 …………………… 179
　　六、教学组织 …………………… 179
　　七、操作步骤 …………………… 180
　　八、考核标准 …………………… 195

项目十八　发动机尾气排放检测
………………………………… 196
　　一、项目说明 …………………… 196
　　二、技术标准与要求 …………… 196
　　三、实训时间：45min …………… 196
　　四、实训教学目标 ……………… 196
　　五、实训器材 …………………… 197
　　六、教学组织 …………………… 197
　　七、实训步骤 …………………… 197
　　八、考核标准 …………………… 207

项目十九　检查润滑系统渗漏情况或清洗润滑系统 ………… 208
　　一、项目说明 …………………… 208
　　二、技术标准与要求 …………… 208
　　三、实训时间：45min …………… 208
　　四、实训教学目标 ……………… 208
　　五、实训器材 …………………… 208
　　六、教学组织 …………………… 209
　　七、操作步骤 …………………… 209

八、考核标准 …………………………… 219

项目二十　检查燃油系统渗漏情况或清洗燃油系统 ……… 221

一、项目说明 …………………… 221
二、技术标准与要求 …………… 221
三、实训时间：45min …………… 221
四、实训教学目标 ……………… 221
五、实训器材 …………………… 221
六、教学组织 …………………… 222
七、操作步骤 …………………… 222
八、考核标准 …………………… 230

事 前 准 备

一、场地安全

1 操作场地工具及设备摆放整齐,不影响正常操作。

2 场地应干净,无油污(防止人员摔倒造成人身伤害)。

二、操作前准备

1 车辆在工位内停放周正后,1号同学(以下简称1号)安装车轮挡块。

提示

确认车辆在举升机正确位置,挡块要放正。

2 1号记录车辆识别代码(VIN)。

提示

不同车型车辆识别代码位置不同,本车在前风窗玻璃左下角位置。

3 1号检查车身是否有划痕。

提示

车身划痕检查部位:后视镜上、下方,车

辆前、后、上、下方都要检查。同时检查轮胎及气门嘴帽。

4 1号安装排烟道。

> 💡 **提示**
>
> 废气抽排系统应工作可靠,能顺利地把车辆排出的废气排放到室外。

三、安装三件套

1 2号同学(以下简称2号)领取三件套、车钥匙,打开左前车门。

2 2号将地板垫铺设在转向盘下方的地板上。

> 💡 **提示**
>
> 铺设地板垫的主要目的是便于清除维修人员带入驾驶室内的脏污与杂物,保持驾驶室内地板清洁。

3 2号将座椅套按照从上向下的要求套装到驾驶座上。

> 💡 **提示**
>
> 座椅套是由薄塑料制成的,极易破损,所以在安装时要用力均匀,避免用力过大,造成端面不齐,导致损坏。

4 2号端坐在座椅上,用手理顺转向盘套之后,顺应转向盘的弧度,双手握住转向盘套并滑动。当出现安装困难时,稍用力拉伸转向盘套,便可顺利完成。

> 💡 **提示**
>
> 转向盘套是由薄塑料制成的,极易破损,所以在安装时要用力均匀,避免用力过

事前准备

大导致破损。

5 2号插入钥匙,降下主驾驶车窗玻璃。

💡 提示

座椅套、转向盘套、脚垫应无破损。

6 2号检查驻车制动手柄是否拉起,挡位是否在"P"位置(手动变速器应在空挡位置),防止误操作造成危险。

四、打开发动机舱盖

1 2号拉起发动机舱盖释放栓手柄。发动机舱盖开启手柄位于仪表台下方靠近车门处,用手握住手柄缓慢用力向外拉动,当听到"砰"的声响后表示发动机舱盖已打开;同时透过前风窗玻璃,看到发动机舱盖抬起。

💡 提示

不同车型的发动机舱盖锁止机构的位置和开关扳动方向可能有所不同。

2 1号双手托住发动机舱盖前沿,右手手指向右推动锁止机构,完成后双手抬起发动机舱盖。

3 1号左手撑着发动机舱盖,右手把锁止机构旁边的支撑杆从卡槽脱开抬起。

4 1号将支撑杆放入发动机舱盖支撑孔。

> **提示**
>
> 将支撑杆插入发动机舱盖支撑孔时,要保证接触可靠,否则,发动机舱盖滑落会造成人身伤害。

五、铺设前格栅布及左右翼子板布

1 1号把翼子板布粘贴在汽车左右侧翼子板上,要求将翼子板全部覆盖。翼子板布的上边沿粘贴到排水槽的内侧,前端至前照灯总成处,后端至车门与翼子板结合缝隙。

> **提示**
>
> 左右翼子板布应安放到位,磁铁吸在翼子板上,挂钩挂到合适位置,防止翼子板布脱落。

2 1号把前格栅布粘贴在汽车的正前面,要求将汽车前部、前照灯总成、前保险杠全部覆盖。

> **提示**
>
> 前格栅布应安放到位,磁铁吸在车身上,挂钩挂到合适位置,防止前格栅布脱落,能够保护好整个车身前部,防止脱落。

整理工位

1 收取翼子板布、前格栅布。

提示

叠放整齐后复位到原来位置,便于下次取用。

2 关闭发动机舱盖,升起主驾驶车窗玻璃,关闭点火开关,拔下钥匙。

3 回收三件套。

提示

对三件套进行分类。地板垫扔到"其他"垃圾桶,转向盘套、座椅套扔到"塑料"垃圾桶。

4 将车轮挡块复位到工具车内原位置。

提示

车轮挡块复位到原位置便于下次取用。

5 取下尾气排放管,复位到原位置。

提示

尾气排放管内可能存在水,如果有水应及时排出。

6 工具设备复位,将使用过的工具与设备进行清洁并放回指定位置。

💡**提示**

使用过的工具、设备,清洁并复位,便于下次使用。

7 清洁车辆与地面。

💡**提示**

全面清洁车辆、地面油污及垃圾。

项目一　检查、更换冷却液

一、项目说明

1.概述

随着现代汽车技术的发展，汽车维护的理念随之发生改变。人们对发动机冷却系统中的工作介质的要求越来越高，冷却液代替了传统使用的水，它充分发挥了汽车冷却系统、暖风系统、润滑系统、液压系统的工作性能，使汽车的动力性、经济性、舒适性得到较大提高，在一定程度上延长了汽车使用寿命。冷却液的广泛使用，在提高了汽车使用性能的同时，也增加了汽车的使用成本。为了避免冷却液的不必要损失并最大限度发挥其优越性，在更换冷却液的过程中，必须严格遵守一定的操作规范。

2. AJR型发动机冷却系统的组成和工作原理

现代汽车多采用封闭式强制循环水冷却系统，由强制循环水供给装置、冷却强度调节装置和冷却液温度指示装置3部分组成。

水泵将冷却液由散热器吸入并加压，使之经分水管流入发动机的缸体水套。冷却液从汽缸壁、汽缸盖吸收热量，升温后的冷却液沿水管流入散热器内。由于风扇的强力抽吸作用，外部气流由前向后从散热器中高速通过。受热后的冷却液在流经散热器的过程中，其热量不断地散发到大气中去，使冷却液本身得到冷却。降温后的冷却液流到散热器的底部后，又在水泵的作用下，再次被泵入发动机水套，如此反复循环，使发动机中在高温条件下工作的零件得到适当冷却。

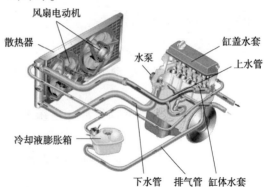

3.冷却液的性能

冷却液中加入了少量的添加剂（如亚硝酸钠、硼砂、磷酸三丁酯、着色剂等），因此，它具有高沸点、低冰点的特点，起到防沸、防冻、防锈、防水垢、防腐蚀、防穴蚀等多种作用。常年使用既可以减少汽车的维修工作量，又能延长发动机的使用寿命。

二、技术标准与要求

（1）车辆停驻在平坦地面上，常温下更换冷却液。

（2）冷却液的更换间隔为车辆行驶40000km或两年。

（3）冷却液的液位应位于膨胀箱的MIN和MAX刻度线之间。

（4）根据当地气温选配冷却液牌号，冷却液冰点要低于当地最低气温5℃以上。

（5）冷却液有毒，使用中，严禁嘴吸和接触皮肤。若溅入眼中，要立即用水冲洗，必要时，到医院进行处理。

冷却液冰点检测仪

举升机

鲤鱼钳，漏斗，冷却液，磁力护裙，驾驶室内保护罩，防护手套。

三、实训时间：90min

四、实训教学目标

（1）了解更换发动机冷却液的重要性；

（2）熟悉AJR型发动机冷却系统的组成和工作原理；

（3）熟悉发动机冷却液的各项指标；

（4）掌握更换发动机冷却液的操作要领。

五、实训器材

桑塔纳2000GSi型轿车

水箱检漏仪

六、教学组织

1. 教学组织形式

每辆车安排4名学生实训，两名学生一组，一组操作，一组观察学习。

2. 学生站位分工和要求

两名学生一组，按照1号、2号进行编号。1号为主，2号辅助。

3. 实训教师职责

讲解操作步骤和注意事项；下达"操作开始"口令；工位间巡视、检查、指导和纠正错误。

4. 学生职责变换

两名学生实行职责变换制度，即第一遍1号为主，2号辅助；第二遍2号为主，1号辅助。

七、操作步骤

第一步 事前准备

参见"事前准备"。

项目一　检查、更换冷却液

第二步　预热发动机

1 1号观察膨胀箱中冷却液的液面高度,应不低于下刻度线MIN。

提示

发动机起动前,检查冷却系统中的冷却液的存量,主要目的是避免发动机在无冷却液的情况下运转,加剧机件磨损。

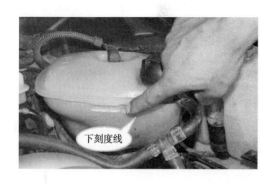

2 1号进入驾驶室,摆动变速器挡位控制手柄,确认变速器处于空挡位置。

提示

发动机带挡起动属于违规操作,危险性极大。因此,发动机起动之前,应将变速器控制手柄置于空挡(N挡)或驻车挡(P挡)位置。

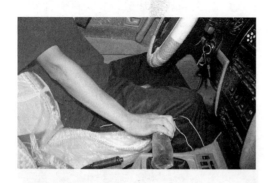

3 1号打开点火开关,起动发动机并保持怠速运转。

提示

(1) 将发动机预热,提高发动机的温度,使节温器开启,冷却液大循环,有利于发动机内的冷却液排放彻底。

(2) 起动发动机前,1号、2号进行起动安全确认,配合口令:"起动"和"正常"。

4 1号打开暖风开关并拨至最大挡位置。

提示

打开暖风开关并拨至最大挡位置,使暖风水箱中的冷却液参与系统循环。排放冷却液时,减少系统中的残留量。

5 1号观察组合仪表中水温表的指针变化情况。当水温表显示93℃以上时,1号关闭点火开关,停止发动机运转。

提示

水温达到发动机正常工作温度后,将节温器打开,有利于冷却液的彻底排放。

AJR型发动机冷却系统采用的节温器

9

开启温度为87℃±2℃；全开温度为102℃±3℃。

第三步 检 漏

1号检查冷却系统的软管是否有鼓包、裂纹和接口泄漏；散热器、暖风水箱、水泵、膨胀箱、汽缸垫、汽缸体和汽缸盖的水堵是否泄漏。

 提示

当发动机工作温度达到正常工作温度后，冷却系统中的压力升高，此时，一些泄漏点会暴露出来。为了防止更换新的冷却液后出现泄漏，应做好事前检查。发现泄漏点，要修复检查之后，再加注新的冷却液。

第四步 排放冷却液

1 1号用手缓慢旋松冷却液膨胀箱盖，并施加一定的下压力，当感觉到系统压力释放殆尽后，重新旋紧膨胀箱盖。

提示

（1）这样做的主要目的是释放冷却系统中的压力，防止直接拆卸下水管排放冷却液时高温高压液体喷溅，造成人员烫伤事故。

（2）释放冷却系统压力时，要带上防护手套，以防烫伤手。

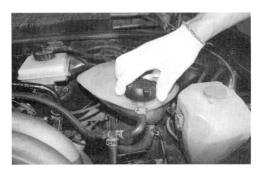

2 1号、2号分别调整提升臂的角度和抽拉臂的长度，使托垫对正车辆底板上的支撑点。

3 2号操纵举升机，将车辆举升到目标高度后，可靠停驻。确认车辆可靠停驻后，方可进入车下作业。

4 2号将鲤鱼钳传递给1号。

5 2号将接水盆放置于散热器的下方,正对于下水管与散热器出水接口处。

> **提示**
>
> (1)桑塔纳2000GSi车型的散热器上没有设计放水堵,冷却水的排放是通过拆卸散热器的下水管来实现的。
> (2)冷却液回收桶放置的位置要适当。否则,下水管脱开时,冷却液会洒落到地面上。

6 1号使用鲤鱼钳将下水管的卡箍张开,并拉离水管和接口的接触部位,取下鲤鱼钳,使卡箍保留在下水管上。

> **提示**
>
> (1)鲤鱼钳的用法:扳动钳柄,使钳口张开,将卡箍拆装端置于钳口内,握紧钳柄,钳口收缩,卡箍扩张。
> (2)下水管的卡箍是由弹簧钢片制成的,刚度较大,拆装困难。拆装过程中,要注意正确选择和使用工具。

7 1号用手握住下水管靠近散热器进水接口处,左右转动水管,待水管与进水接口松动后,转动并向后拉出水管。

> **提示**
>
> (1)水管因长期被紧箍在水管接口上,同时又受到发动机高温的影响,所以,水管的内橡胶层会与水泵的进水接口发生粘连,给拆卸工作带来一定的难度。
> (2)拆卸水管时,严禁使用一字螺丝刀等尖锐器具,否则,会造成水管损坏。
> (3)下水管即将脱开时,要防止冷却液烫伤。

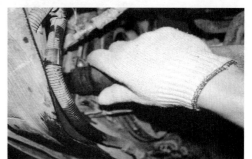

8 将车辆平稳降落地面后,1号旋下膨胀箱盖,冷却液急速流入储液桶内。

> **提示**
>
> 冷却系统释放压力后旋紧膨胀箱盖,此时,系统内外的压力相同。但随着冷却液的降温,系统内的压力低于外界压力,所以,当拆开水管后,冷却液不会急速流出。这一点

防止出现烫伤事故。当旋下膨胀箱盖之后，在重力的作用下，系统内的冷却液流出速度加快。

9 1号进入驾驶室，打开点火开关，怠速运转发动机30~60s，关闭点火开关，停止发动机运转。

> **提示**
>
> (1) 在排放冷却液的过程中，使发动机短时间运转，主要目的是加速冷却液的流出，减少冷却液在系统内的残留量。
> (2) 暖风开关始终保持打开并位于最大挡位。

第五步 安装下水管

1 举升车辆可靠停驻后，1号检查下水管与散热器接口连接部分的内橡胶层是否损坏。是，则更换下水管；否，则继续使用。

> **提示**
>
> 如果水管与散热器接口接触的内橡胶层损坏，将直接影响到两者的紧密配合关系，容易造成冷却液泄漏。

2 1号检查散热器接口外圆面是否有腐蚀或黏结物，如出现腐蚀并影响到密封，应更换新的接口；或清除黏结物，保持接口清洁。

> **提示**
>
> 进水接口的检查和清理，主要的目的是防止出现冷却液泄漏。

3 1号观察卡簧是否出现歪扭变形，是，则更换新卡簧；否，则检验其弹力。使用鲤鱼钳夹住卡簧的卡口，握紧钳柄，使卡簧张开，如感到弹力较大，则继续使用；否，则更换新卡簧。

> **提示**
>
> 卡簧的弹力大小是决定水管与水泵进水接口密封性的关键因素之一，因此，在使用之前要进行检查或视情更换。禁止使用铁丝等金属丝代替卡簧。

项目一　检查、更换冷却液

4 1号在水泵进水口的外圆上涂抹少许冷却液,然后双手握住水管靠近水泵接口部分,将水管对正水泵进水接口,转动水管的同时向前施加推力,直到进水口全部装入为止。

● 提示

由于橡胶的弹性,致使水管贴紧在水泵接口的外圆面上,因此,安装水管时非常困难,为降低安装难度,在水泵接口的外圆面上涂抹一层冷却液,减小两者的摩擦阻力,使安装变得省力些。

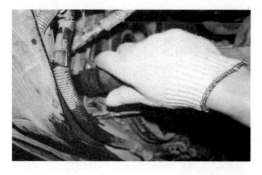

5 1号使用鲤鱼钳卡牢卡簧的卡口,握紧手柄,使卡簧张开,当卡簧的内圈大于水管的外圈时,向前移动卡簧至水管和进水接口相配合段的前端位置。取下工具,卡簧压紧在水管上。

● 提示

安装水管之前,要先把卡簧套装到水管上,卡簧的位置应离开水管和进水接口接触段,这样不会影响水管的安装。

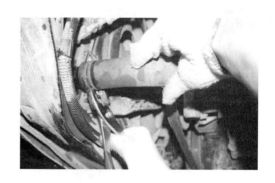

6 2号操纵举升机将车辆平稳降落到地面上。

第六步　冷却液冰点检测

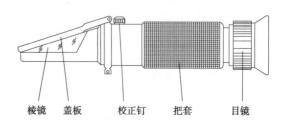

棱镜　盖板　校正钉　把套　目镜

冷却液冰点测试仪结构

1 2号将冷却液冰点测试仪传递给1号。

● 提示

冷却液冰点测试仪是一种精密检测仪器,在传递、接收和使用过程中,不要跌落和碰伤,以免影响仪器测试精度。

2 1号用柔软绒布擦净棱镜和盖板。

提示

测试前,要保持棱镜和盖板清洁。否则,将影响仪器的测试精度。

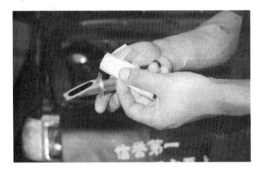

3 1号使用吸管吸取少量冷却液,滴到冰点测试仪的棱镜上,合上盖板并轻轻按压。

提示

(1)测试冷却液冰点之前,需要用蒸馏水校正冰点测试仪的零点(取下保护帽,使用螺丝刀调整校正钉归零)。

(2)严禁将冷却液或水滴落到调整旋钮和目镜内,以免损坏内部器件。

4 1号将棱镜对向明亮处,旋转目镜使视场内刻线清晰,读出明暗分界线在分划板上相应标尺上的数值,并报告冰点数值。

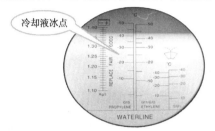

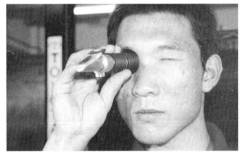

5 测试完毕,1号使用柔软绒布擦净棱镜和盖板,清洗吸管后,将冷却液冰点测试仪传递给2号。

提示

注意仪器的维护。

6 2号将冰点测试仪放置于包装盒

项目一　检查、更换冷却液

第七步　加注冷却液

1 2号将冷却液桶传递给1号。

2 1号旋下冷却液桶盖,一手握住桶上的手柄,一手托住桶的底部,对准膨胀箱加注口,稍稍倾斜冷却液桶,缓缓地将冷却液倒入膨胀箱内。

> **提示**
>
> 加注冷却液时,动作要舒缓,液流不要过急,防止液体洒到膨胀箱的外面;同时要注意观察膨胀箱内的液面,避免液体溢出,造成浪费。

3 当冷却系统的液量不足,膨胀箱中的液面下降缓慢或停止下降时,2号用手反复捏压散热器的上下水管。液面下降后,1号继续加注,如此反复进行,直到膨胀箱内的液面位于上下刻度线的中间位置不再变化为止。

> **提示**
>
> 反复捏压散热器的上下水管,目的是排出冷却系统内的空气。因为桑塔纳2000GSi车型采用全封闭式冷却系统,系统内的空气是经排气管至膨胀箱,最后由设置在膨胀箱盖上的蒸汽阀排入大气中。因此,当系统中存有空气,捏压水管时,膨胀箱内会出现气泡。

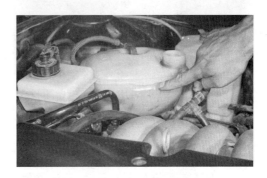

第八步　冷却系统加压检漏

1 2号选择合适的检漏仪凸缘盘并传递给1号。1号将凸缘盘旋紧在膨胀箱的加水口上。

> **提示**
>
> 检漏仪的凸缘盘有多种,应选择适合于该车型的,并拧紧于加水口上防止漏气,以免影响检测数据的正确性。

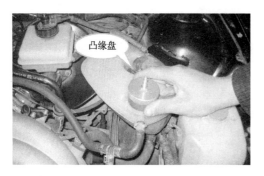

2 1号将检漏仪和凸缘盘连接起来。

> 提示
>
> 检漏仪和凸缘盘之间通过快速接头连接起来。两者连接时,首先将快速接头上拉,然后将密封盖接头插入检漏仪连接管内,最后将快速接头复位即可。

3 1号反复推动压力泵手柄,向冷却系统施加压力。

> 提示
>
> 在向冷却系统加压的同时,要注意倾听是否有漏气声。有,则查找并排除泄漏后再加压。否则,检漏仪检测到的冷却系统压力数据失准。

4 1号在向冷却系统施加压力的同时,注意观察检漏仪上压力表指示数值的变化。当压力值显示为 0.2MPa 时,停止加压。观察压力表指针的变化情况。

> 提示
>
> 如果压力表上的指针在 5min 时间内没有明显变化,证明冷却系统无泄漏;如果压力表上的指针下降速度较快,证明冷却系统存在严重的泄漏。

第九步　发动机运转检漏

1 2号起动发动机,保持怠速运转,打开暖风开关并开至最大挡。2号观察仪表中水温表指针的变化情况。1号观察冷却风扇是否转动。

> 提示
>
> (1)当水温达到 93~98℃ 时,冷却风扇应低速旋转;当水温达到 105℃ 时,冷却风扇应高速旋转。
>
> (2)发动机达到正常工作温度后,节温器打开,冷却系统大循环;暖风开关打开并位于最大挡位置,冷却液流经暖风水箱。此时,膨胀箱内的液面是系统内实际的冷却液的存量。通常发动机至正常工作温度后,膨胀箱内的液面会有不同程度的下降,需要添加一定数量的冷却液。膨胀箱中冷却液的液面,不得高于上刻度线。因为冷却液温度升高后,体积会发生膨胀,过量加

项目一　检查、更换冷却液

注,会导致冷却系统压力过高、散热性能下降、发动机过热等故障。另外,容易发生水管起包或爆裂、水泵过早损坏、散热器损坏等现象。所以要按照规定加注,并不是越多越好。

2 2号关闭点火开关,停止发动机运转。1号观察膨胀箱中冷却液的存量是否适当。否,补充添加冷却液至上下刻度线中间位置。最后,1号旋紧膨胀箱盖。

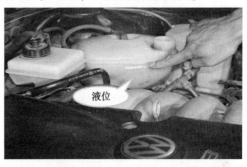

第十步　整理工位

参见"整理工位"。

八、考核标准

考 核 标 准 表

考核时间	序号	考核项目	满分	评分标准	得分
40min	1	查找驾驶室内的发动机舱盖控制手柄	2	查找错误扣2分	
	2	打开并支撑发动机舱盖	3	打不开或支撑点错误扣3分	
	3	粘贴翼子板护裙	3	操作不当酌情扣分	
	4	安装座套、转向盘套、地板垫	3	操作不当酌情扣分	
	5	检查冷却液膨胀箱中的液面高度	5	检查错误扣5分	
	6	起动发动机前挡位检查	4	操作错误扣5分	
	7	起动发动机前驻车制动器检查	4	操作错误扣5分	
	8	起动发动机时,检查车前是否站人	5	操作错误扣5分	

续上表

考核时间	序号	考核项目	满分	评分标准	得分
40min	9	起动发动机后，打开暖风开关	5	操作错误扣5分	
	10	发动机起动后，观察仪表和风扇	3	操作不当酌情扣分	
	11	检查冷却系统的泄漏	5	操作错误扣5分	
	12	释放冷却系统的压力	5	操作错误扣5分	
	13	放置冷却液回收桶	2	操作不当酌情扣分	
	14	选择卡簧拆卸工具	2	选择错误扣2分	
	15	拆卸卡簧	4	操作错误扣4分	
	16	拉出下水管	4	操作错误扣4分	
	17	排放冷却液时旋下膨胀箱盖	3	操作错误扣3分	
	18	排放冷却液时起动发动机	3	操作不当酌情扣分	
	19	检查下水管	3	检查不当扣3分	
	20	检查水泵进水接口并清除黏结物	3	操作错误扣3分	
	21	检查卡簧	3	操作错误扣3分	
	22	安装下水管时并在进水接口上涂抹冷却液	3	操作不当酌情扣分	
	23	下水管的安装方法	5	操作错误扣5分	
	24	安装卡簧方法	3	操作错误扣3分	
	25	冷却液冰点检查	6	操作错误扣6分	
	26	加注冷却液	3	操作错误扣3分	
	27	排放系统中的冷空气	3	操作错误扣3分	
	28	最终检查(液面高度、是否泄漏)	3	操作错误扣3分	
	29	遵守相关安全规范		因违规操作造成人身和设备事故的，总分按0分计	
		分数合计	100		

项目二　更换机油及机油滤清器

一、项目说明

1. 概述

发动机工作时,各运动零件均以一定的力作用在另一个零件上,并且发生高速的相对运动。有了相对运动,零件表面必然要产生摩擦,加速磨损。因此,为了减轻磨损,减小摩擦阻力,延长使用寿命,发动机上都设置有润滑系。

2. 润滑油作用

润滑油是用在各种类型机械上以减少摩擦,保护机械及加工件的液体润滑剂,主要起润滑、冷却、防锈、清洁、密封和缓冲等作用。润滑油占全部润滑材料的85%,种类牌号繁多,现在世界年用量约3800万t。

3. 发动机机油的类型和等级

（1）API标准(American Petroleum Institute),即"美国石油协会"标准。这是一个综合衡量机油质量高低的标准,油质量由低至高依次划分为:SA、SB、SC、SD、SE、SF、SG、SH、SJ、SL、SM等级。

（2）SAE标准,即"美国汽车工程学会"标准。这是衡量机油黏度的标准,又分为单式黏度和复式黏度。例如:SAE40（单式黏度）、SAE15W-50（复式黏度）。在复式黏度中,W前的数字表示机油的低温流动性,数字越小,机油流动性越佳(发动机磨损主要集中在冷起动瞬间,良好的机油流动性,能将发动机磨损降到最低)。W后的数字表示机油的高温黏度,数字越大,高温下保护性能越好。

4. 机油滤清器

发动机工作时,金属磨屑和大气中的尘埃以及燃料燃烧不完全所产生的炭粒会渗入机油中,机油本身也因受热氧化而产生胶状沉淀物,机油中含有这些杂质。如果把这样的脏机油直接送到运动零件表面,机油中的机械杂质就会成为磨料,加速零件的磨损,并且引起油道堵塞及活塞环、气门等零件结胶。因此必须在润滑系中设有机油滤清器,使循环流动的机油在送往运动零件表面之前得到净化处理,保证摩擦表面的良好润滑,延长其使用寿命。

二、技术标准与要求

1. 质量等级的选择

（1）要严格按发动机出厂说明书上规定的用油质量等级选油,质量级别应根据就高不就低的原则。可以选用高于要求的质量等级的油品,不可选用低于要求的质量等级的油品。

(2)根据发动机的出产年代、工作条件苛刻程度选油。出厂年限较短、压缩比较高的汽油车,可选 SG、SJ 和 SL 系列油品,出厂年限较长、压缩比较低的汽油车,可选用 SF、SE 系列油品。

城市道路频繁起动、停车;高速高负荷增压等工作条件较苛刻的柴油机选择 CF-4、CG-4、CH-4,中负荷低增压等工作条件较缓和的柴油机选择 CD、CC 等产品。

2. 黏度等级的选择

要根据发动机或车辆使用环境的温度范围,并考虑发动机的工况、新旧及磨损程度,选用合适黏度的机油。

冬季或我国北方地区,根据环境气温和车辆情况选用 0W/30、5W/30、5W/40、10W/30、10W/40 等油品,夏季或我国南方地区,根据环境气温和车辆情况选用 15W/40、20W/50、40 等油品。

3. 换油期的确定

与矿物机油相比,合成油的黏度变化受气温影响很小,所以既能在低温环境中流动顺畅,也能在高温环境中保持适当的黏度,减少发动机磨损。现代汽车应用较广泛。另外,合成油提炼纯度高,在发动机持续高温运作下,不易氧化分解产生油泥和积炭,其劣化速度比矿物油慢 50%,使用时效也更长,一般使用矿物油的车行驶 5000km 就必须换油,而合成机油,其换油里程可延至 8000~10000km。

为了保证合理的润滑油更换周期,汽车制造商一般以两种单位给出润滑油更换周期:汽车每行驶一定的里程数或每过一定的时间就应该更换润滑油。

三、实训时间:90min

四、实训教学目标

(1)了解更换发动机机油和机油滤清器的重要性;

(2)熟悉发动机机油和机油滤清器的作用和类型;

(3)掌握更换发动机机油和机油滤清器的操作技能。

五、实训器材

专用工具:机油回收桶、接油盘。

常用工具:快速扳手、接杆、24mm 套筒、滑杆、变径接头、TX45、扭力扳手、照片工具、机油回收桶。

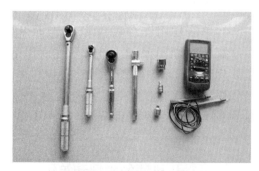

六、教学组织

1. 教学组织形式

每辆车安排 4 名学生参与实训,两名学生一组。一组操作,一组观察学习。

2. 学生站位分工和要求

两名学生一组,按照 1 号、2 号进行编号,1 号为主,2 号辅助。

3. 实训教师职责

讲解操作步骤和注意事项,下达"操作开始"口令;工位间巡视、检查、指导和纠正错误。

4. 学生职责变换

两名学生实行职责变换制度,即第一遍 1 号为主,2 号辅助;第二遍 2 号为主,1 号辅助。

七、操作步骤

第一步 事前准备

参见"事前准备"。

第二步 预热发动机

1 1 号进入驾驶室,拉开发动机舱盖释放栓。

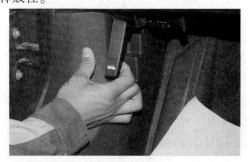

2 1 号摆动变速器换挡杆手柄,确认变速器处于空挡(N 挡)位置或驻车挡(P 挡)位置。

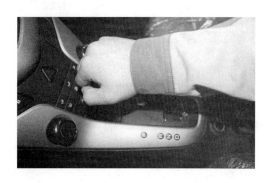

💡 提示

(1)防止带挡操作从而造成人身或设备损伤;

(2)自动挡车辆带挡起动时会造成无法起动。

3 1 号确认驻车操纵手柄处于拉起位置。

💡 提示

确保车辆、设备和人员安全。

4 1 号打开点火开关,检查仪表台各指示灯及仪表显示是否正常。

> 💡 提示
>
> 仪表显示异常时,要先排除故障再起动发动机。

5 2号检查机油液位是否正常。

> 💡 提示
>
> 电压不足,不能起动车辆。

8 1号、2号确保车辆和人员安全后,起动发动机并保持怠速运转3~5min。

> 💡 提示
>
> 液位不足,不能起动车辆。

6 2号检查冷却液位是否正常。

> 💡 提示
>
> 起动发动机时,1号、2号必须相互配合,双方确保车辆和人员安全状态下方可起动车辆。

9 发动机运转期间注意水温表指示数值,当水温达到80℃时,关闭点火开关,停止发动机运转。

> 💡 提示
>
> 液位不足,不能起动车辆。

7 2号检查蓄电池电压是否正常。

项目二　更换机油及机油滤清器

> **提示**
> 发动机预热后,机油黏度变小,有利于发动机润滑油彻底排放。

第三步　检查泄漏

1 1号检查气门室罩垫处、加油口处等是否存在漏油现象。

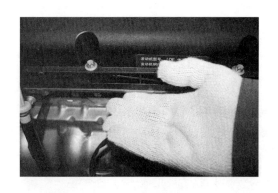

> **提示**
> 如漏机油,确认修理方案,修复后才能更换机油。

第四步　排放机油

1 2号将机油回收桶推置于发动机油底壳排放塞的正下方。

> **提示**
> 如漏油、检查问题点,确认维修方案,排除此问题后方可继续往下操作。

2 用布清洁加注口周围,拆卸机油加注口盖后,将机油加注口用干净的布盖上。(防止有杂物进入)。

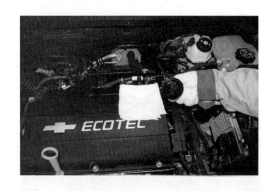

> **提示**
> (1)使用机油回收桶之前,观察机油回收桶内的存油量。防止接油时因容量所限而溢出机油。
> (2)根据机油排放塞的位置和方向适当调整机油回收桶的位置,防止拆掉排放塞时有机油溅到地面上。

3 将车辆举升到合适位置后,检查曲轴前后油封、排放塞、油底壳衬垫等处是否有机油泄漏现象。

2 2号将滑杆、变径接头、TX45组装好后传递给1号。

3 1号使用工具旋松放油螺栓。

> 提示

拧松排放塞时,工具使用要规范,分清旋向,用力均匀。

4 1号用食指推着排放塞,拇指和中指缓缓旋出排放塞,确认螺纹全部旋出后,急速移开排放塞,将机油流入回收桶内。

> 提示

(1)注意拧下机油排放塞时要小心,不要将排放塞掉入机油回收桶里。

(2)溅到桶外的机油要随时擦干净。

5 用棉纱布清洁排放塞,清洁干净后更换排放塞垫圈。

> 提示

换用新的密封圈之后需涂抹新的机油。

6 当油底壳的排油孔不再滴油时,1号用棉纱布清洁排放塞孔,清洁干净后用手旋入排放塞。

> 提示

机油一定要排放干净,并检查排放塞座孔处的螺纹是否完好。

7 2号将扭力扳手、TX45组装后传递给1号。

项目二　更换机油及机油滤清器

8 1号将机油排放塞以14N·m力矩拧紧,然后用棉纱布清洁油底壳油迹。

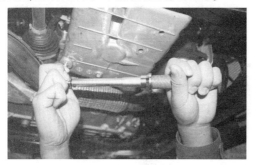

💡 提示

注意螺栓旋转方向。

第五步　更换机油滤清器

1 降下车辆,将车辆降落到车轮接触地面时停止降车,关闭举升机电源。在机油滤清器的正下方放置接油盘。

💡 提示

防止拆掉机油滤芯时机油滴落到地面上。

2 1号接过2号递过来的滑杆、φ24mm的套头拧松机油滤清器。

💡 提示

在拧松力矩较大的螺栓时,尽量不要使用快速扳手或扭力扳手,以免造成损坏。

3 1号将工具换成大快速、φ24mm套头拧松至剩下1~2圈螺纹之后,把工具回递给2号。

4 1号用手拧下滤清器。将滤芯和密封圈扔进垃圾桶。

💡 提示

垃圾分类存放。

5 将新的密封圈安装到滤清器盖上并均匀涂抹机油。

25

6 清洁机油滤清器座。

7 将新的机油密封圈和新的机油滤清器安装到位。

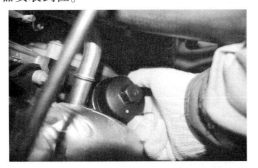

8 2号将扭力扳手、φ24mm 套筒组装,并将拧紧力矩调整到25N·m后传递给1号。

9 1号将滤清器拧到规定力矩。

10 清洁机油滤清器表面及滤清器座。

第六步 加注发动机油

1 2号将车辆降到底,1号确认该车型所用机油型号。

> 提示
>
> 目前市场上的发动机机油分为矿物机油和合成机油。与矿物油相比,合成油的抗高温氧化、抗黏度变化、抗磨损能力更强。

2 旋下机油桶盖,把机油加注口的布拿走。对准加油口,倾斜机油桶,缓慢加注机油。

项目二　更换机油及机油滤清器

> **提示**
> 科鲁兹 LDE 发动机机油标准加注量为 4.5L；加注时要随时检查机油桶内剩余油量，不要过量或将机油洒到外面。

3 加注完毕后，旋紧加油口盖。

第七步　运转发动机

1 1号、2号配合确认车辆和人员安全后，起动车辆。

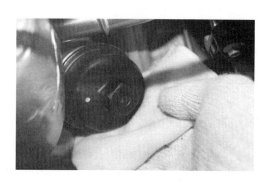

3 将车辆举升到适当的高度，检查排放塞、机油滤清器等处是否漏油。

4 将车辆平稳降落到地面上，再次检查机油油位是否正常。

> **提示**
> 注意换挡杆、驻车制动手柄的位置。

2 起动发动机并运转 3~5min，在上方观察机油滤清器处是否漏油。

第八步　整理工位

参见"整理工位"。

八、考核标准

考核标准表

考核时间	序号	考核项目	满分	评分标准	得分
40min	1	作业前整理工位	3	酌情扣分	
	2	车辆工位停驻检查	3	1.确认周围安全1分； 2.确认车辆与举升机两边距离一致2分	
	3	检查驻车制动器是否拉起	4	1.确认驻车制动器拉起2分； 2.确认驻车制动器拉起是否到位2分	
	4	检查变速器挡位是否处于P挡	4	未确认变速器处于P挡扣4分	
	5	打开并支撑机舱盖	3	1.操作方法错误扣1分； 2.支撑不到位扣2分	
	6	安装汽车保护罩	3	1.操作不规范扣1分； 2.安装不到位滑落扣2分	
	7	起动车辆前检查挡位情况	4	未检查挡位处于P挡或空挡扣4分	
	8	起动车辆时,观察周围情况	4	未确认起动安全扣4分	
	9	报告发动机的预热温度	4	1.未查看发动机预热温度扣4分； 2.未报告发动机预热温度扣2分	
	10	放油前机油泄漏检查	6	1.气门室罩盖处未检查扣2分； 2.曲轴前后油封处未检查扣2分； 3.油底壳处未检查扣2分	
	11	查找车辆的支撑点	6	支撑位置错误扣6分	
	12	放置机油回收桶	4	1.机油回收桶位置不当扣2分； 2.机油回收桶高度不当扣2分	
	13	拆卸机油排放塞	5	操作不当扣5分	
	14	更换机油排放塞密封圈	6	未更换扣6分	
	15	拆卸机油滤清器	5	1.工具选择不当扣2分； 2.操作不当扣3分	

续上表

考核时间	序号	考核项目	满分	评分标准	得分
40min	16	安装机油滤清器	6	1. 未涂抹润滑油扣2分； 2. 未检查密封圈扣2分； 3. 未选用规定力矩扣2分	
	17	清洁机油加注口	3	未清洁加注口扣3分	
	18	加注机油	6	1. 加注时流到加注口外扣3分； 2. 加注过程未关注剩余量扣3分	
	19	发动机机油油位检查	6	1. 机油尺操作方式错误扣3分； 2. 油位确认错误扣3分	
	20	发动机运转后机油油位检查	6	1. 机油尺操作方式错误扣3分； 2. 油位确认错误扣3分	
	21	加油后的检漏	6	1. 气门室罩盖处未检查扣2分； 2. 曲轴前后油封处未检查扣2分； 3. 油底壳处未检查扣2分	
	22	作业后整理	3	酌情扣分	
	23	遵守相关安全规范		因违规操作造成人身和设备事故的，总分按0分计	
		分数合计	100		

项目三　更换燃油滤清器

一、项目说明

1.概述

汽油滤清器串联在供油管路上,当发动机工作时,将汽油中的杂质滤除,保证洁净的汽油进入汽缸中燃烧,提高燃料燃烧质量,减轻机件磨损。另外,可有效防止喷油器堵塞。

如果使用劣质汽油或汽油滤清器已达到更换里程,将使滤清器的滤清能力下降,导致喷油器堵塞,滤清面积减小,供油不畅,输出油压下降,造成发动机起动困难、加速无力、高速熄火等故障发生。

更换汽油滤清器属于汽车维修作业中的一级维护项目内容,也是汽车维修技工应具备的常规操作技能。

2.汽油滤清器的类型

汽油滤清器芯多用多孔陶瓷或微孔滤纸制造。陶瓷滤芯可重复使用,但不易清洗干净;纸质滤芯滤清效果好,制造成本低,仅作一次性使用。纸质汽油滤清器在现代汽车上应用最为广泛。

桑塔纳 2000GSi 型轿车的汽油滤清器安装在电动汽油泵前面,位于底板下面,包括一个网目宽为 $10\mu m$ 的纸质滤芯及接在后面的纤维质滤网。一块支承板将滤清器固定在外壳中,滤清器外壳由金属制成。

二、技术标准与要求

（1）拆除汽油滤清器之前,要释放燃油系统内的油压。

（2）安装与桑塔纳 2000GSi 型轿车配套使用的汽油滤清器。

（3）汽油滤清器外壳上标注的箭头"→"指示方向要与供油方向一致。

（4）桑塔纳 2000GSi 型轿车汽油滤清器的更换里程是 80000km。如果使用不纯净汽油,更换间隔期要减半。汽油滤清器的更换里程因车型而异,请参阅该车型维修手册。

（5）汽油滤清器支架固定螺栓的拧紧力矩为 $20N·m$。

（6）汽油对人体有害,禁止嘴吸和触及皮肤。

（7）汽油易燃,作业场所严禁吸烟和违规使用电器。

三、实训时间:45min

四、实训教学目标

（1）了解更换汽油滤清器的重要性;

(2)熟悉汽油滤清器的类型；
(3)掌握更换汽油滤清器的操作技能。

五、实训器材

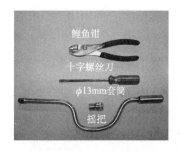

耐油防护手套，废件桶，油料回收桶。

汽油滤清器　　灭火器

SYJ-320 双柱举升机

六、教学组织

1. 教学组织形式

每辆车安排4名学生实训，两名学生一组，一组操作，一组观察学习。

2. 学生站位分工和要求

两名学生一组，按照1号、2号进行编号，1号为主，2号辅助。

3. 实训教师职责

讲解操作步骤和注意事项；下达"操作开始"口令；工位间巡视、检查、指导和纠正错误。

4. 学生职责变换

2名学生实行职责变换制度，即第一遍1号为主，2号辅助；第二遍2号为主，1号辅助。

七、操作步骤

第一步　事前准备

参见"事前准备"。

第二步　燃油系统卸压

1 1号打开驾驶室左前门，用手拆下位于仪表台左下方的盖板。

> 提示
>
> 盖板通过橡胶卡卡在仪表台下方的装饰板上，拆卸后便于检查安装在中央集电盒上的保险片和继电器，或进行线路检测。拆卸盖板时，先稍用力取下右端，然后脱开左端的橡胶卡。拆卸时不要用力过大，否则，容易使橡胶卡折断。

2 1号在中央集电盒上取下左起第5号熔断丝,该熔断丝控制电动汽油泵电路。

> 提示
>
> 第5号熔断丝的安装位置比较隐蔽,因此,拔出熔断丝时要垂直用力,严禁左右摆晃,以免导致插孔松旷和熔断丝损坏。

3 1号确认驻车制动器已拉紧,变速器位于空挡后,打开点火开关并起动发动机。待发动机自动熄火后,关闭点火开关。

> 提示
>
> 由于电动汽油泵的保险片已被拆除,汽油泵不再工作。此时运转发动机燃烧的是起动之前储存于管路中的定量燃料,随着燃料减少,油压下降,发动机转速回落,直至熄火。该项操作的主要目的是释放燃料供给系统中的燃油压力。

4 2号将快速扳手、接杆、10号套筒传递给1号。

5 1号使用工具拆除蓄电池的负极导线并使之可靠离开负极柱。

> 提示
>
> 进行燃油系统作业时,要拆除蓄电池的负极导线,避免电气系统产生火花引燃泄漏的燃料,造成着火。

第三步 举升车辆

2号操纵举升机,将车辆举升到目标高度后,可靠停驻。确认车辆可靠停驻后,方可进入车下作业。

第四步 拆卸汽油滤清器

1 2号将棉纱传递给1号。

2 1号使用棉纱擦净滤清器进、出油管接口处的污物。

> 提示
>
> 滤清器进出油管接口处的污物,应在拆卸油管之前擦除,避免污物进入油管内,污染燃油,加剧喷油器针阀和喷嘴的磨损,严重的会造成喷油器堵塞。

3 2号将十字螺丝刀传递给1号。

4 1号使用工具旋松进、出油管固定卡的螺栓,要求固定卡可在橡胶油管上滑动。

> 提示
>
> 使用螺丝刀时,要保持工具的杆线与螺栓的螺母垂直,同时用手把持固定卡,防止因其转动而工具伤手。
>
> 拆卸汽油滤清器时,要佩戴耐油防护手套,避免工具伤手和汽油伤害皮肤。

5 1号将固定卡滑离橡胶油管和滤清器接口接触部位,保持在油管上。

6 然后,1号在与滤清器接口接触的油管外面缠绕2~3层干净棉纱。

> 提示
>
> 在与汽油滤清器接口接触的橡胶油管外面缠绕棉纱的主要目的是使用工具松动油管时,不会对油管造成损伤。

接触部位,用力转动油管并向外拉,直到油管脱出。

🛈 提示

取橡胶油管时,要双手用力,并注意站姿,防止扭伤腰部。油管即将脱出,用力不要过猛,以免碰伤手臂。

若条件允许,建议使用橡胶管拆装专用工具。

7 2号将鲤鱼钳传递给1号。

8 1号使用鲤鱼钳夹紧缠绕棉纱的油管部位,上下方向摆动工具,直到橡胶油管在滤清器接口上松动为止。然后,1号取下缠绕在油管上的棉纱。

🛈 提示

由于油管内层橡胶的弹力和油管固定卡的压紧力的共同作用,使油管粘附于滤清器接口的外圆面上。拆卸橡胶油管时,应先松动,后脱出,既省力又不会损伤油管。

10 橡胶油管脱出后,1号把堵头插入油管内,以减少燃油洒失,防止污物进入油管而污染燃油。

🛈 提示

油管脱出时,注意汽油不要溅到皮肤上或眼睛内。一旦出现上述情况,立即用清水冲洗,严重者送医院处理。

进行燃油系统作业时,要穿戴防护服,如安全帽、护目镜、防护手套等。

进行燃油系统作业时,严禁吸烟和违规使用电器,防止失火。

进行燃油系统作业时,准备好防火器械,如灭火器等。

9 1号一手按住滤清器及其支架,防止滤清器转动,一手握紧油管与滤清器接口

项目三　更换燃油滤清器

11 2号将13号套筒、摇把传递给1号。

12 1号使用13号套筒、摇把拧松滤清器支架上的两个固定螺母。2号接收工具并摆放到工具车上。

提示

注意工具的使用方法，套筒应无严重磨损、变形且与螺母配合到位；接杆与套筒、扭力扳手连接到位、可靠、无松旷，且保持接杆与螺栓或螺母同轴；扭力扳手无变形，扭力表显示准确，使用中手不要接触接杆，用力方向朝向身体。

13 1号一手扶住滤清器支架，一手旋下固定螺母，然后取下滤清器及其支架。

提示

取下滤清器及其支架时，要注意保持其水平状态，如有歪斜，将会有燃油流出来洒落到身上或地面上。

作业时，操作人员手中不允许存放螺栓、螺母、工具、零部件等，做到"四不落地"。

14 1号将滤清器内存留的燃油倒入油料回收桶中。

提示

旧滤清器内存留的燃油，要倒入油料回收桶中，这样既可减轻汽油挥发给人体造成的危害，同时又降低了危险系数。

15 1号确认滤清器在支架内的安装位置和方向之后，双手拇指通过支架上的观察孔按压滤清器，双手的四指握紧支架外壳，用力将滤清器推出。

提示

汽油滤清器支架是由塑料材料制成，在其内侧加工有用于夹持滤清器外壳的塑料夹具，起到稳固滤清器的作用。

从支架中取出滤清器时，要采取用手按压方法，严禁采用金属器具敲击方法。因为金属器具敲击滤清器金属壳会产生火星，导致滤清器爆炸。

16 2号将旧汽油滤清器轻轻放入专用的废件桶内。

💡 **提示**

旧汽油滤清器要专桶(带盖塑料桶)存放并及时处理掉,禁止与其他的拆卸件(特别是金属件)混放,因为金属间剧烈摩擦会产生火花,点燃滤清器内残留汽油挥发出来的汽油蒸气,引发火灾。

第五步 安装汽油滤清器

1 2号将汽油滤清器传递给1号。

2 1号确认汽油滤清器壳上的箭头"→"方向与燃油供给系统要求一致后,将滤清器用手压入支架的塑料夹具内。

💡 **提示**

将滤清器装入支架后,应夹持可靠、不松旷,并且在支架的观察孔中能够清楚看到滤清器壳上标注的指示油液流动方向的"→"箭头。

汽油滤清器的安装方向一定要正确,否则,将会导致供油量下降,发动机高速无力,甚至熄火,特别是内压袋式滤清器更为明显。

3 1号将滤清器支架上的螺栓孔套入车体螺杆上并用手扶住支架,然后用手将已涂油的螺母旋紧。

💡 **提示**

旋上支架固定螺母之前,应在螺母的螺纹上涂抹适量的机油。因为螺母和螺杆位于车辆的地板上,经常会受到水、泥污等的侵蚀,容易锈蚀。为保护螺栓、螺母以及便于拆装,建议安装时涂抹机油。

4 2号将13号套筒、摇把传递给1号。

5 1号使用工具将螺母力矩拧紧到20N·m。

> **提示**
>
> 螺母的拧紧力矩要符合规定要求,若力矩过小,螺母滑出,支架脱落;若力矩过大,螺杆折断或滑扣。
>
> 工具的使用方法请参阅前文说明,在此不再赘述。

6 将汽油滤清器支架紧固完毕,1号通过支架上的观察孔确认滤清器壳上的箭头"→"指示方向是否与燃油系统的供油方向相一致,即滤清器进油口端对着油箱,出油口端通向发动机。

> **提示**
>
> 汽油滤清器支架安装完毕,最后确认滤清器安装的正确与否,避免返工费时。

7 1号检查橡胶油管是否出现老化、龟裂现象;检查油管固定卡是否锈蚀、滑扣、裂纹等损伤。是,则更换橡胶油管和固定卡;否,则继续使用。

> **提示**
>
> 橡胶油管及其固定卡的损伤,会造成燃油系统的泄漏,直接影响到发动机的经济性能和车辆的使用性能。

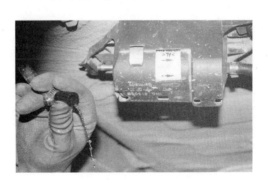

8 1号迅速拔下橡胶油管的专用堵头,将油管口对准滤清器的接口,上下摆动油管的同时施加推力。当油管部分插入后,用力握住插入油管,在一定范围内转动油管的同时施加推力,直到油管与滤清器接口的肩部接触为止。

> **提示**
>
> 橡胶油管插拔时比较困难,但也有一些操作技巧,主要是用力方法,运用熟练后便会感到操作简单、省力。

油管安装完毕,应自然顺直;否则,转动油管进行调整。

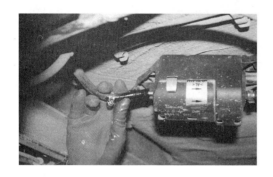

9 1号将油管固定卡移至略越过滤清器接口的突起处。

> 提示
>
> 滤清器接口的前端在圆周方向上略有突起,实为密封环。固定卡略越过密封环安装,可以加强密封环的密封作用。

10 2号将十字螺丝刀传递给1号。

11 1号使用工具将油管固定卡螺栓力矩拧紧至6N·m,然后用棉纱擦净油管接头处的油迹。1号接收工具并摆放到零件车上。

> 提示
>
> 使用工具紧固固定卡的螺栓时,用力不要过大;否则,容易使螺栓滑扣,固定卡报废。

第六步 电路连接

1 2号操纵举升机,将车辆降落到地面上。

2 1号将熔断丝安装在中央集电盒上的左起第5号位置,该熔断丝控制电动汽油泵电路。

> 提示
>
> 安装熔断丝时严禁左右摆晃,以免导致插孔松旷和熔断丝损坏。插脚与插孔对正

项目三　更换燃油滤清器

后,稍用力按压,便可将其装复到位。

3 1号使用细纱布将蓄电池的负极柱、负极线接头内孔等处的脏污或腐蚀物擦拭干净。

> 提示
>
> 清洁蓄电池的极柱和极线接头的内孔,目的是保证极线和蓄电池极柱间的良好接触,使车辆的电气系统正常工作。

4 1号将负极线接头套在蓄电池的负极柱上,接头的上边沿要略低于极柱。

> 提示
>
> 极线接头套装于蓄电池极柱上时,接头要完全与极柱接触,保证两者有足够的接触面积。因为极线、极柱是车辆所有电器装置与蓄电池的电流通道,一旦电流受阻,则电气系统的正常工作就会受到影响。

5 2号将10号套筒、接杆、棘轮扳手传递给1号。

6 1号使用工具将极线接头固定螺栓力矩拧紧至10N·m。

> 提示
>
> 极线接头螺栓的力矩要符合规定,若力矩过大,易滑扣;若力矩过小,压紧力不足,容易导致极柱烧蚀、电气系统断电等故障。

第七步　燃油系统检漏

1 1号进入驾驶室,确认驻车制动器已拉紧。

39

> 提示
>
> 发动机起动前,应保证驻车制动器已工作并可靠有效,防止发动机起动时因车辆移动而发生事故。

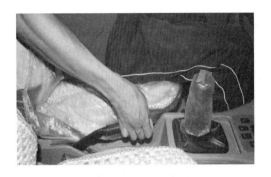

2 1号横向摆动变速器挡位控制手柄,确认变速器处于空挡位置。

> 提示
>
> 发动机带挡起动属于违规操作,危险性极大。因此,发动机起动之前,应将变速器控制手柄置于空挡(N挡)或驻车挡(P挡)位置。

3 1号将点火开关拨至ON挡,2~3s后,拨至OFF挡。如此重复3~5次,然后起动发动机,加减速操作2~3min,关闭点火开关。

> 提示
>
> 桑塔纳型轿车装用的电动汽油泵受电脑ECU控制,当点火开关拨至ON挡时,汽油泵工作2~3s后自动停止运转。基于汽油泵的控制原理,采取开—闭点火开关的方法,建立燃油系统油压,这样起动发动机时,可以减少起动机的起动次数和蓄电池的电能消耗。

4 2号操纵举升机,将车辆举升到合适高度并可靠停驻。

5 1号检查汽油滤清器的进、出油管处是否存在燃油泄漏。有泄漏,检修;无泄漏,则正常。

> 提示
>
> 滤清器安装完毕,进行泄漏检查,是维修作业中必不可少的操作步骤,可有效避免燃油的浪费,保证车辆良好的使用性能。

6 2号操纵举升机将车辆平稳降落到地面上。

第八步 整理工位

参见"整理工位"。

八、考核标准

考核标准表

考核时间	序号	考核项目	满分	评分标准	得分
40min	1	安装驾驶室保护罩	3	酌情扣分	
	2	拆装仪表台下方盖板	3	操作不当扣3分	
	3	起动前的检查挡住和驻车制动器	4	检查不到位扣4分	
	4	拆装汽油泵继电器	7	操作不当扣7分	
	5	打开并支撑机舱盖	3	操作不当扣3分	
	6	拆装负极线	4	操作不当扣4分	
	7	清洁蓄电池的极柱和极线	6	操作不当扣6分	
	8	举升和降落车辆	5	操作不当扣5分	
	9	清洁油管接口处	3	操作不当扣3分	
	10	拆卸油管固定卡	3	操作不当扣3分	
	11	松动橡胶油管	6	操作不当扣6分	
	12	拔下和装复油管	5	操作不当扣5分	
	13	堵塞油管口	3	操作不当扣3分	
	14	拆装汽油滤清器支架	4	操作不当扣4分	
	15	倒掉旧滤清器中的燃油	3	操作不当扣3分	
	16	拆装汽油滤清器	7	操作不当扣7分	
	17	检查油管及其固定卡	6	检查不到位扣6分	
	18	油管安装后擦除接口处的油迹	3	操作不当酌情扣分	
	19	确认滤清器的方向	6	报告错误扣6分	
	20	通过点火开关使燃油系统升压	5	操作不当酌情扣分	
	21	检查并调整举升机的托垫和车辆的支撑点	6	操作不当扣6分	
	22	清理工位	5	操作不当扣5分	
	23	遵守相关安全规范		因违规操作造成人身和设备事故的,总分按0分计	
		分数合计	100		

项目四 清洗或更换空气滤清器

一、项目说明

1.概述

发动机工作时,吸入汽缸内的空气新鲜、洁净、充分,对提高发动机的功率和延长使用寿命有着至关重要的作用。特别洁净的空气可以有效地减轻发动机汽缸的磨损。而清洁度的保证,建立在对空气滤清器滤芯的定期检查和更换的基础上。实践证明,发动机不安装空气滤清器,其寿命将缩短2/3。

更换空气滤清器滤芯是一个操作相对简单的作业项目,为大多数维修人员所忽视。然而,因检查或更换空气滤清器芯引发的发动机运行故障和机械事故时有发生,其原因归咎于疏忽大意和操作不当,由此可见精细化要求的规范操作适用于汽车维修中的每一个环节。

2.空气滤芯的作用

空气滤芯安装在空气滤清器壳体内,用于滤除空气中的杂质或灰尘,让洁净空气进入汽缸。

3.空气滤清器的组成

空气滤清器一般由进气导流管、滤清器盖、滤清器外壳和滤芯组成。滤清器的种类较多,而纸质滤芯空气滤清器广泛应用于各类发动机上。

二、技术标准与要求

（1）安装与丰田卡罗拉轿车配套使用的空气滤清器滤芯。

（2）行驶在沙尘飞扬地区的车辆,空气滤清器芯的检查、清洁或更换的间隔周期要变短。空气滤清器滤芯的更换里程因车型而异,请参阅该车型维修手册。

（3）更换空气滤清器滤芯时,严禁将沙尘、水、油及其他杂物掉入进气管道。

（4）严禁将油、水、污物等黏附到空气滤清器滤芯上。

三、实训时间:25min

四、实训教学目标

（1）了解空气滤清器滤芯的作用；
（2）熟悉空气滤清器的结构；
（3）掌握更换空气滤清器滤芯的操作技能。

五、实训器材

科鲁兹轿车、空气滤清器滤芯、吹气枪、废件回收桶(工具1、工具2)。

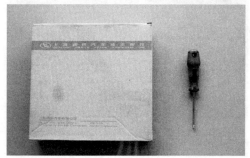

六、教学组织

1. 教学组织形式

每辆车安排4名学生参与实训,两名学生一组,一组操作,一组观察学习。

2. 学生站位分工和要求

两名学生一组,按照1号、2号进行编号,1号为主,2号辅助。

3. 实训教师职责

讲解操作步骤和注意事项;下达"操作开始"口令;工位间巡视、检查、指导和纠正错误。

4. 学生职责变换

2名学生实行职责变换制度,即第一遍1号为主,2号辅助;第二遍2号为主,1号辅助。

七、操作步骤

第一步 事前准备

参见"事前准备"。

第二步 检查、清洁空气滤清器壳体

1 1号用清洁布清洁空气滤清器外壳。

2 1号检查空气滤清器壳体有无固定松动、裂纹或其他损坏。

> 提示
>
> 空气滤清器壳体破裂会造成空气过滤不彻底,或引发发动机故障。

第三步 拆卸空气滤清器

1 2号将十字螺丝刀传递给1号。

2 1号拆卸空气滤清器罩固定螺栓。

注:螺栓要分两次、对角拆卸

3 1号小心取出滤芯并传递给2号。

4 2号核对新、旧滤芯型号、标记是否对应。

第四步 安装新空气滤清器

1 1号用清洁布或压缩空气清洁空气滤清器内部灰尘。

> 提示
>
> 保证滤清器壳内无灰尘或其他杂物。

2 1号接过新滤芯确认安装方向后安放到空气滤清器壳体内。

> 提示
>
> 安装时请勿过度抬起空气滤清器罩,以免造成进气软管破裂。

3 1号将空气滤清器上盖安装到位。

项目四 清洗或更换空气滤清器

> 提示
>
> 注意卡槽位置。

4 1号接过2号递过来的螺丝刀,将空气滤清器紧固螺栓对角分两次拧紧。

> 提示
>
> 螺栓再用工具紧固。

5 清洁并再次检查各相关部件安装是否到位,螺栓是否拧紧。

第五步 整理工位

参见"整理工位"。

八、考核标准

考核标准表

考核时间	序号	考核项目	满分	评分标准	得分
15min	1	打开并支撑发动机舱盖	5	操作不当扣5分	
	2	粘贴护裙	4	酌情扣分	
	3	拆卸滤清器附近的装饰板	4	操作不当扣4分	
	4	拔下空气流量传感器的插头	10	操作不当扣10分	
	5	松开滤清器盖的压紧卡箍	4	操作不当扣4分	
	6	取出空气滤清器芯	4	操作不当扣4分	
	7	清洁空气滤清器室	9	清洁不彻底酌情扣分	
	8	清洁滤清器芯	10	操作不当扣10分	

续上表

考核时间	序号	考核项目	满分	评分标准	得分
15min	9	检查滤清器壳是否有裂纹和损伤	6	检查不到位扣6分	
	10	检查冷热进气口端的橡胶口	5	检查不到位扣5分	
	11	检查压紧卡箍	4	检查不到位扣4分	
	12	检查进气管有无裂纹、损伤	6	操作不当扣6分	
	13	检查真空软管有无裂纹、损伤	6	操作不当扣6分	
	14	检查进气管两端的连接情况	6	操作不当扣6分	
	15	安装滤清器芯	6	操作不当扣6分	
	16	安装滤清器盖	7	操作不当扣7分	
	17	清理工位卫生	4	清洁不彻底酌情扣分	
	18	遵守相关安全规范		因违规操作造成人身和设备事故的,总分按0分计	
		分数合计	100		

项目五　汽缸压力检测

一、项目说明

1. 概述

发动机汽缸内压缩气体压力的大小,反映了汽缸的密封程度。汽缸压力值不符合规定要求,将导致发动机功率不足,燃油、润滑油消耗增加,尾气排放超标,对发动机的动力性和经济性影响很大。

检测发动机汽缸压力,是按照一定的技术操作规范,通过汽缸压力表来完成的。进行发动机汽缸压力的检测,是发动机故障诊断的常用方法之一。

2. 汽缸压力表的分类

汽缸压力表按照测量范围不同,可分为0~1.4MPa(汽油机)和0~4.9MPa(柴油机)两种;按照连接方式不同,可分为推入式和螺纹接口式两种。

螺纹接口式汽缸压力表

推入式汽缸压力表

3. 汽缸压力表的使用方法

(1)起动发动机并运转到正常工作温度后,熄火停止发动机运转,然后旋下汽油机的火花塞或柴油机的喷油器。

(2)汽油机必须将节气门和阻风门完全打开,将汽缸压力表压紧或连接在火花塞座孔上。

(3)柴油机必须采用螺纹接口式汽缸压力表,将汽缸压力表的螺纹接口旋入喷油器座孔内。

(4)用起动机带动曲轴旋转3~5s,使发动机转速保持150~180r/min(汽油机)或500r/min(柴油机),此时汽缸压力表指示的数值就是该汽缸的汽缸压力。

(5)测量完毕,按下汽缸压力表上的放气阀,使压力表指针归零。

(6)在实际测量汽缸压力时,每个汽缸应重复测量2~3次。

二、技术标准与要求

(1)使用性能良好的汽油发动机汽缸

压力表；

（2）桑塔纳型轿车 AJR 发动机汽缸压力值：标准值为 1000～1300kPa，极限值为 750kPa；

（3）桑塔纳型轿车 AJR 发动机正常工作温度为 90～105℃；

（4）检测汽缸压力前，先用吹气枪将发动机上部的尘埃、杂物清理干净，严防异物掉入汽缸内；

（5）每个汽缸检测次数不少于 2 次。

火花塞扳手　　吹气枪

预紧力扳手

三、实训时间：45min

四、实训教学目标

（1）了解发动机汽缸压力检测的重要性；

（2）熟悉发动机汽缸压力表的作用、类型和使用方法；

（3）掌握检测发动机汽缸压力的操作技能。

五、实训器材

桑塔纳 2000GSi 型轿车，φ5mm 内六角接头，接杆，棘轮扳手。

汽缸压力表　　缸线拆装钳

六、教学组织

1. 教学组织形式

每辆车安排 4 名学生参与实训，两名学生一组，一组操作，一组观察学习。

2. 学生站位分工和要求

两名学生一组，按照 1 号、2 号进行编号，1 号为主，2 号辅助。

3. 实训教师职责

讲解操作步骤和注意事项；下达"操作开始"口令；工位间巡视、检查、指导和纠正错误。

4. 学生职责变换

2 名学生实行职责变换制度，即第一遍 1 号为主，2 号辅助；第二遍 2 号为主，1 号辅助。

项目五 汽缸压力检测

七、操作步骤

第一步 事前准备

参见"事前准备"。

第二步 发动机预热

1 1号进入驾驶室,确认驻车制动器已拉紧。

> 提示
>
> 发动机起动前,应保证驻车制动器已工作并可靠有效,防止发动机起动时因车辆移动而发生事故。

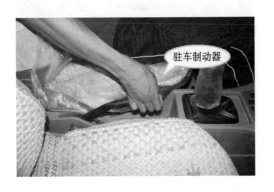

2 1号横向摆动变速器挡位控制手柄,确认变速器处于空挡位置。

> 提示
>
> 发动机带挡起动属于违规操作,危险性极大。因此,发动机起动之前,应将变速器控制手柄置于空挡(N挡)或驻车挡(P挡)位置。

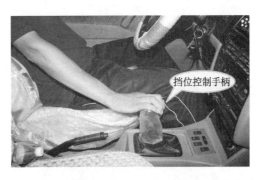

3 1号打开点火开关,起动发动机并保持怠速运转3~5min。其间注意观察水温表指示数值的变化,当水温达到90℃左右时,关闭点火开关,停止发动机运转。

> 提示
>
> (1)发动机只有在正常工作温度下,方可进行汽缸压力检测,否则,检测值无效。
>
> (2)AJR型发动机的正常工作温度为90~105℃。
>
> (3)发动机达到常温后,各运动副的配合间隙为最佳。此时检测汽缸内的气体压力值,才是发动机在当前最佳状态下的汽缸密封性能反映。

49

第三步　拆卸发动机装饰罩

1 2号将φ5mm内六角接头、接杆、棘轮扳手传递给1号。

2 1号使用工具将发动机装饰罩的4条固定螺栓拧松,用手取下固定螺栓,最后取下发动机装饰罩。

> 提示
>
> 拆卸内六角螺栓时,要使用专用工具。禁止使用螺丝刀等工具铳砸螺栓,以免造成螺栓损伤。

3 2号接收1号传递来的工具、螺栓、发动机装饰罩并摆放到工具车、零件车的规定位置。发动机装饰罩摆放如图所示。

> 提示
>
> 发动机装饰罩为橡胶材料制成,拆卸或放置时,严禁弯折和重压。

第四步　清洁发动机上部

1 2号将吹气枪传递给1号。

2 1号使用吹气枪将发动机上部的尘埃等杂物清理干净。

> 提示
>
> 清理发动机的上部,不仅是规范操作的基本要求,更重要的是防止在拆卸火花塞时杂物掉入汽缸内,使汽缸中的相关零件加剧磨损和造成损伤。

第五步　取下高压分缸线

1 1号将汽缸区分标签粘贴于高压分缸线上。如右图所示,第1缸的高压分缸线粘贴标明"1缸"字样的标签。

提示

（1）桑塔纳型轿车装用的AJR发动机采用无分电器点火系统中的双缸直接点火方式。因此,高压分缸线次序如果出现错乱（特别是二缸、三缸容易错乱）,将会影响到发动机的正常起动和运转。

（2）高压导线上带有缸序编号的应注意确认。

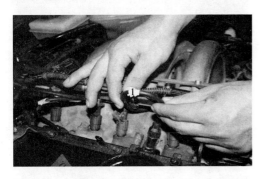

2 2号将缸线拆装钳传递给1号。

提示

缸线拆装钳的使用方法:调整钳柄使钳口张开,将钳口套于高压分线的金属外罩上部,握紧手柄,钳口收缩并夹紧缸线外罩,用力摆动并上拉缸线钳,高压分线便可取下。

3 1号使用缸线拆装钳拆卸各个汽缸的高压分缸线与火花塞连接端。

提示

（1）拔下高压分缸线时,应使用专用工具——缸线拆装钳,既可以操作省力,又可最大限度保证高压分缸线不受损伤。

（2）若无专用缸线拆装钳,用手拔出高压分线时,应捏住高压分线保护罩,严禁直接拉拔缸线,否则,容易损坏高压分线。

（3）取下高压分缸线时要保持点火开关OFF状态。

4 2号接收缸线拆装钳并摆放到工具车上。

5 高压分缸线全部取下后,1号使用吹气枪清洁火花塞孔周围。

提示

高压分缸线取下后,为防止火花塞承孔内的杂物掉入发动机汽缸内,应在拆卸火花塞之前用压缩空气清洁各承孔。

吹气枪

第六步 拔下点火模块电插头

1号从进气歧管的下方，用手拔下点火模块的电插头。

提示

（1）AJR发动机的点火模块位于进气歧管的下方，位置隐蔽且空间小，拔插电插头时很困难，应注意方法和有耐心。

（2）拔下点火模块电插头的主要目的，是进行汽缸压力检测时，禁止高压分缸线产生电火花。

（3）取下电器元件的电插头时要保持点火开关关闭状态。

点火模块

第七步 拔下喷油器电插头

1号拔下各缸喷油器电插头。

提示

（1）拔下电插头时，拇指和食指按压卡片，同时用力向上拔即可。禁止使用螺丝刀等类似器具撬，以免损坏电插头。

（2）拔下喷油器电插头的主要目的是在检测发动机汽缸压力的过程中，禁止喷油器向汽缸内喷射燃油，导致燃油浪费和冲刷汽缸壁。

（3）取下电器元件的电插头时要保持点火开关关闭状态。

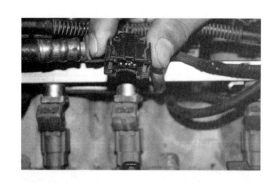

第八步 拆卸火花塞

1 2号将火花塞拆装扳手传递给1号。

2 1号将火花塞拆装套筒套装于火花塞的外壳螺方上。

提示

将扳手套装在火花塞上时，要保证套筒和火花塞螺方对正，同时注意工具不要碰伤喷油器的电插头。

项目五　汽缸压力检测

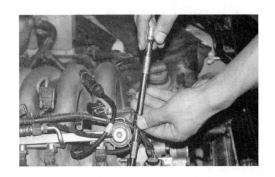

3 1号使用火花塞拆装扳手旋松火花塞。

> 提示
>
> 注意旋松火花塞时工具的用力方向,防止损伤螺纹孔中的螺纹。一旦损伤,更换汽缸盖。

4 1号依次取出各缸火花塞并传递给2号。

> 提示
>
> 火花塞扳手的套筒内有橡胶套,用于固定火花塞,便于火花塞带出或放入承孔。

第九步　检测发动机汽缸压力

1 2号将汽缸压力表的软管传递给1号。

> 提示
>
> AJR型发动机的火花塞座孔较深,不适用于推入式汽缸压力表,应选择螺纹接口式汽缸压力表。

2 1号将软管接头螺纹旋入火花塞座孔内并拧紧。

> 提示
>
> (1)将软管旋入火花塞座孔前,要目视检查接头处的橡胶密封圈是否良好,以免漏气使检测值失准。
>
> (2)将软管接头旋入火花塞座孔时,一定要用手对正螺纹,防止螺纹损伤。另外,要旋紧软管接头,防止缸压测试时漏气,使检测值失准。

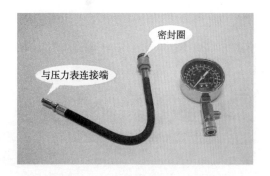

3 2号将压力表头传递给1号。

> 💡 提示
>
> 汽缸压力表是一种精密仪器,在传递、接收和使用过程中,应小心谨慎,轻拿轻放,正确操作,以免损伤汽缸压力表。

4 1号将表头与软管的快速接头连接起来,并调整表头使刻度盘朝向身体方向,便于读取缸压测量值。

> 💡 提示
>
> 连接表头和软管时,将快速接头推向表头,然后对正软管和表头的接头,最后下推快速接头使之复位,则表头和软管便连接起来。

5 2号进入驾驶室,确认变速器控制手柄位于空挡位置,驻车制动器已拉紧。

> 💡 提示
>
> 变速器置于空挡或驻车挡并拉紧驻车制动器,这是安全操作的基本要求。其目的是防止发动机起动时车辆突然移动而导致事故发生。

6 当听到1号"起动"口令后,2号将点火开关拨至起动挡,保持时间3~5s。

> 💡 提示
>
> (1) 运转发动机之前,蓄电池电量充足,要求发动机转速不得低于150r/min。
> (2) 起动机的连续运转时间不得超过5s,否则,由于过电流容易烧毁起动机。

7 1号从汽缸压力表上读取测量值。

> 💡 提示
>
> AJR型发动机的汽缸压力标准值:1000~1300kPa;极限值:750kPa。

项目五 汽缸压力检测

根据汽缸压力测量值,分析汽缸的密封状况,进而分析汽缸压力变化原因,确定作业项目。

8 1号按下汽缸压力表上的卸压阀,释放表内压力,指针归零。每缸要求测量2~3次。

提示

(1)汽缸压力表上的卸压阀用于释放表内压力,便于进行再次测量。
(2)起动机的起动间隔时间须在30s以上,否则由于过电流容易烧毁起动机。
(3)发动机汽缸压力应多遍测量,取其平均值,最后确定汽缸内压力的实际状况。

9 各汽缸压力检测完毕,1号拆卸表头并传递给2号。

提示

传递表头时要接收可靠,防止掉落到地面上,导致其损坏。

10 1号旋下软管并传递给2号。

11 2号接收汽缸压力表并放置在表盒内。

提示

汽缸压力表是一种精密检测量具,在使用和放置的过程中要注意轻拿轻放,严禁碰撞敲击以及重压,以免造成损坏。另外,表头和软管要分开放置。

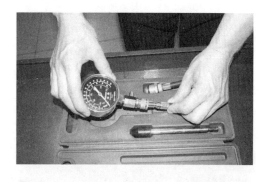

第十步 安装火花塞

1 2号将火花塞、火花塞拆装扳手传递给1号。

2 1号将火花塞插入火花塞扳手的套筒内。

> **提示**
>
> 火花塞扳手的套筒中内置橡胶套,当火花塞插入后,将火花塞弹性固定,有利于火花塞的安装或取出。

3 1号将火花塞放入其承孔内,用手调整火花塞扳手的角度,并转动火花塞,感知火花塞螺纹与承孔中的螺纹是否对正。如感觉转动火花塞时,省力平顺且有下行感,证明螺纹已对正。否则,禁止用力旋转火花塞。

> **提示**
>
> 安装火花塞时,其螺纹是否对正,完全依靠经验或感觉,这一点应在实践中去体会。

4 2号将预紧力扳手传递给1号。

5 1号使用预紧力扳手将火花塞力矩拧紧到25N·m。

> **提示**
>
> 火花塞的拧紧力矩要符合规定要求,过大或过小都会对发动机造成一定的危害。若力矩过大,螺纹孔的螺纹容易滑扣,导致汽缸盖报废;若力矩过小,则容易导致漏气或火花塞脱出。

第十一步　安装高压分缸线

1 1号确认高压分缸线上标注的缸序编号或自制区分标签。

> **提示**
>
> (1)原车配套安装的高压分缸线上标注有缸序字样。
>
> (2)桑塔纳型轿车装用的AJR发动机采用无分电器点火系统中的双缸直接点火方式。因此,高压分缸线次序如果出现错乱

(特别是二缸、三缸容易错乱),将会影响到发动机的正常起动和运转。

2 1号按照AJR型发动机的高压分缸线布置形式,将一缸、二缸高压导线穿过进气歧管上的前端孔并通过缸线卡连接起来;三缸、四缸的高压导线穿过进气歧管上的后端孔同样用缸线卡连接起来。

● 提示

缸线卡用来连接相邻两根高压导线(一缸和二缸、三缸和四缸),减轻因发动机的振动而引起的高压导线摆晃。

3 2号将缸线拆装钳传递给1号。

4 1号根据各缸高压分线上的区分标签或缸序编号,使用缸线拆装钳将高压分缸线依次安插到对应缸的火花塞上。

● 提示

缸线拆装钳的使用方法请参阅前文说明,此处不再赘述。

5 1号在进气歧管下方,用手插上与点火控制模块端的电插头。

● 提示

电插头所处位置较隐蔽,小心安装且安装到位。

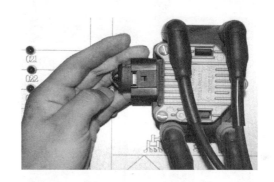

6 1号最后确认高压分缸线安插顺序是否正确。

● 提示

最后确认,以保证高压分缸线安插顺序正确。

分缸线保护罩

第十二步 安装喷油器电插头

1号将喷油器电插头安装到对应的喷油器上。

💡 提示

(1) 喷油器电插头不容易出现安装错误,因为线束较短。但要注意一点,电插头一定要安装到位,否则喷油器不工作。

(2) 喷油器电插头取下后,会在发动机的控制单元(ECU)中储存一个故障代码,可利用检码器清除故障码或采用开闭点火开关50次以上的方法自动清码。

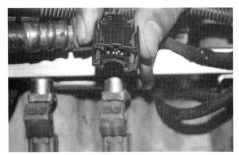

第十三步 安装发动机装饰罩

1 2号将发动机装饰罩传递给1号。

2 1号将装饰罩安放到发动机上并对齐螺栓孔。

3 2号将固定螺栓传递给1号。1号用手旋上发动机装饰罩固定螺栓。

💡 提示

由于发动机装饰罩上的螺栓孔较深,直接用手难以旋入螺栓,可借助 ϕ5mm 内六角扳手和接杆。

4 2号将棘轮扳手传递给1号。

5 1号使用 ϕ5mm 内六方接头、接杆、快速扳手将螺栓力矩拧紧到15N·m。

项目五　汽缸压力检测

> **提示**
> 螺栓拧紧力矩较小,紧固时用力不要过大,防止螺栓折断或滑扣。

第十四步　整理工位

参见"整理工位"。

八、考核标准

考核标准表

考核时间	序号	考核项目	满分	评分标准	得分
40min	1	打开并支撑发动机舱盖	3	操作不当扣3分	
	2	安装汽车保护罩	3	酌情扣分	
	3	检查驻车制动器	3	检查不到位扣3分	
	4	检查变速器挡位	3	检查不到位扣3分	
	5	报发动机的水温	3	报告错误扣3分	
	6	拆卸发动机装饰罩	4	操作不当扣4分	
	7	清洁发动机上部	3	清洁遗漏扣3分	
	8	拆卸高压分缸线	5	操作不当扣5分	
	9	粘贴分缸线区分标签	4	操作遗漏扣4分	
	10	清洁火花塞座孔	5	清洁遗漏扣5分	
	11	拆卸点火控制模块电插头	4	操作不当扣4分	
	12	拆下喷油器电插头	4	操作不当扣4分	
	13	拆卸火花塞	6	操作不当扣6分	
	14	安装汽缸压力表	7	操作不当扣7分	
	15	汽缸压力读数	5	报告错误扣5分	
	16	释放汽缸压力表内的压力	4	操作不当扣4分	
	17	存放汽缸压力表	3	操作不当扣3分	

续上表

考核时间	序号	考核项目	满分	评分标准	得分
40min	18	安装火花塞	6	操作不当扣6分	
	19	安装高压分缸线	6	操作不当扣6分	
	20	确认高压分缸线的顺序	5	操作不当扣5分	
	21	安装喷油器电插头	6	操作不当扣6分	
	22	安装发动机装饰罩	4	操作不当扣4分	
	23	整理工位卫生	4	操作不当扣4分	
	24	遵守相关安全规范		因违规操作造成人身和设备事故的,总分按0分计	
		分数合计	100		

项目六　检查、清洁或更换火花塞

一、项目说明

1. 概述

火花塞是发动机点火系统中非常重要的电器元件,它将点火线圈产生的高压电引入发动机燃烧室内,通过电极间的间隙产生放电火花,点燃汽缸内的混合气。

随着汽车行驶里程的增加,火花塞电极会产生磨损或附着积炭,甚至击穿,致使电火花能量降低或丧失,使发动机的起动性能、运转稳定性能、加速性能下降,导致发动机的输出动力下降,经济性变差。因此,定期检查或更换火花塞成为发动机维护项目中必不可少的作业内容。

2. 火花塞的结构和类型

(1)结构

在钢制壳体的内部固定着陶瓷绝缘体,绝缘体中心孔内装有中心电极,中心电极的上部有接线螺母,用来连接高压导线。壳体的下端固定有弯曲的侧电极,上端有便于火花塞拆装的六角柱面,其下部加工有螺纹,用于拧入汽缸盖上的火花塞座孔。壳体螺纹的上端装有密封垫圈。

(2)类型

火花塞根据热值的大小可以分为两种类型:冷型火花塞和热型火花塞。发动机的技术性能不同,对火花塞的要求也不相同。对于高速、大功率、高压缩比的发动机,应采用冷型火花塞;对于低速、小功率、低压缩比的发动机,应选用热型火花塞;介于两者之间的发动机,应采用热值中等的火花塞。

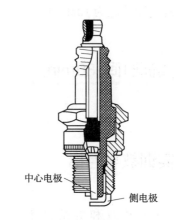

火花塞的结构
中心电极
侧电极

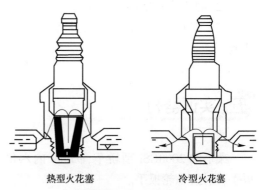

热型火花塞　　冷型火花塞

热特性不同的火花塞

二、技术标准与要求

(1) 安装与 AJR 型发动机配套使用的火花塞。

(2) AJR 型发动机火花塞检查、更换的时间和行驶里程规定:10000km 或半年(无 TWC 车辆)检查一次。40000km 或 2 年更换一次。火花塞检查、更换间隔周期,因车型而异,请参阅该车型的维修手册。

(3) AJR 型发动机火花塞中心电极和侧电极的间隙值为 0.9~1.1mm。

(4) AJR 型发动机火花塞的紧固力矩为 30N·m。

(5) AJR 型发动机火花塞中心电极与壳体间绝缘电阻值应为 10MΩ 以上。

三、实训时间:30min

四、实训教学目标

(1) 了解检查和更换火花塞的重要性;

(2) 熟悉火花塞的结构和类型;

(3) 掌握检查或更换火花塞的操作技能。

五、实训器材

桑塔纳 2000GSi 型轿车,φ5mm 内六角扳手,接杆,棘轮扳手。

缸线钳

吹气枪

火花塞扳手

厚薄规

预紧力扳手

六、教学组织

1. 教学组织形式

每辆车安排 4 名学生参与实训,两名学生一组,一组操作,一组观察学习。

2. 学生站位分工和要求

两名学生一组,按照 1 号、2 号进行编号,1 号为主,2 号辅助。

3. 实训教师职责

讲解操作步骤和注意事项;下达"操作开始"口令;工位间巡视、检查、指导和纠正错误。

4. 学生职责变换

2 名学生实行职责变换制度,即第一遍 1 号为主,2 号辅助;第二遍 2 号为主,1 号辅助。

七、操作步骤

第一步　事前准备

参见"事前准备"。

第二步　拆卸发动机装饰罩

1 2号将φ5mm内六角接头、接杆、棘轮扳手传递给1号。

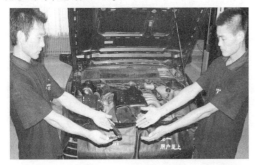

2 1号使用工具将发动机装饰罩的4条固定螺栓拧松,用手取下固定螺栓,最后取下发动机装饰罩。

提示

拆卸内六角螺栓时,要使用专用工具。禁止使用螺丝刀等工具铣砸螺栓,以免造成螺栓损伤。

3 2号接收1号传递来的工具、螺栓、发动机装饰罩并摆放到工具车、零件车的规定位置。

提示

发动机装饰罩为橡胶材料制成,拆卸或放置时,严禁弯折和重压。

第三步　清洁发动机上部

1 2号将吹气枪传递给1号。

2 1号使用吹气枪将发动机上部的尘埃等杂物清理干净。

提示

将发动机上部的尘土、杂物清理干净,是规范操作的基本要求。

第四步 取下高压分缸线

1 1号将汽缸区分标签粘贴于高压分缸线上。第三缸的高压分缸线粘贴标明"三缸"字样的标签。

> 提示
>
> (1)桑塔纳型轿车装用的AJR发动机采用无分电器点火系统中的双缸直接点火方式。因此,高压分缸线次序如果出现错乱,(特别是二缸、三缸容易错乱),将会影响到发动机的正常起动和运转。
>
> (2)高压导线上带有缸序编号的应注意确认。

2 2号将缸线钳传递给1号。

> 提示
>
> 缸线钳的使用方法:调整钳柄使钳口张开,将钳口套于高压分线的金属外罩上部,握紧手柄,钳口收缩并夹紧缸线外罩,用力左右摆动并上拉缸线钳,高压分线便可取下。

3 1号使用缸线钳拆卸各个汽缸的高压分缸线与火花塞连接端。

> 提示
>
> (1)拔下高压分缸线时,应使用专用工具——缸线钳,既可以操作省力,又可最大限度地保证高压分缸线不受损伤。
>
> (2)若无专用缸线钳,用手拔出高压分线时,应捏住高压分线保护罩,严禁直接拉拔缸线,否则,容易损坏高压分线。

4 2号接收缸线钳并摆放到工具车上。

5 高压分缸线全部取下后,1号使用吹气枪清洁火花塞孔周围。

> 提示
>
> 清除火花塞孔周围的尘土、杂物等,有利于保证高压分缸线和火花塞良好接触。

项目六　检查、清洁或更换火花塞

第五步　拆卸火花塞

1 2号将火花塞拆装扳手传递给1号。

2 1号将火花塞拆装套筒套装于火花塞的外壳螺方上。

> 提示
>
> 将扳手套装在火花塞上时,要保证套筒和火花塞螺方对正,同时注意工具不要碰伤喷油器的电插头。

3 1号使用火花塞拆装扳手旋松火花塞。

> 提示
>
> 注意旋松火花塞时工具的用力方向,防止损伤螺纹孔中的螺纹。一旦损伤,更换汽缸盖。

4 1号依次取出各缸火花塞并传递给2号。

> 提示
>
> 火花塞扳手的套筒内有橡胶套,用于固定火花塞,便于火花塞带出或放入承孔。

第六步　辨别火花塞电极颜色

1号目视检查火花塞电极的烧蚀情况,并观察火花塞电极的色泽。

> 提示
>
> 火花塞电极的色泽,在一定程度上说明了发动机汽缸内气体的燃烧状况。如电极为灰白色,说明缸内气体燃烧良好;电极为炭黑色,说明缸内气体燃烧状况差;电极上

黏附有积炭，说明发动机有烧机油现象存在。

第七步　清洁火花塞

1 1号使用铜丝刷清除火花塞中心电极和侧电极上附着的积炭等污物。

💡 提示

（1）火花塞电极上的积炭等污物，在发动机工作时，会变成炽热物，容易引发混合气的异常燃烧现象——早燃，该现象对发动机的机件损伤严重，并且影响发动机的正常使用性能。

（2）火花塞电极上的污物常用的清理工具有两种：铜丝刷或细砂布；专用火花塞积炭清洗仪。

2 1号使用铂金砂条清理电极间的积炭等污物。

💡 提示

电极间的积炭会降低高压电火花的击穿能量，使点火性能下降，降低发动机的起

动性能，影响发动机的动力性和经济性。另外，应分析火花塞产生积炭的原因。

第八步　测量、调整火花塞电极间隙

1 1号使用厚薄规测量中央电极和侧电极之间的间隙值。

💡 提示

使用厚薄规进行电极间隙测量时，选择的规片厚度要适当，以轻轻拉动规片感觉稍有阻力为宜，然后读取规片厚度值，即电极间隙值。

2 1号将火花塞电极间隙调整到规定值。

💡 提示

（1）调整火花塞电极间隙时，如条件允许使用专用调整工具，或使用尖嘴钳进行调整。有些类型的火花塞不需要调整电极间隙，只需定期更换，如铂金头火花塞、铱金头火花塞等。

（2）AJR型发动机用火花塞的电极间的

间隙值为 0.9～1.1mm。若间隙过大,需要放电电压高;若间隙过小,需要放电电压低。以上两种情况说明,电极间隙过大或过小均会影响发动机的点火性能。

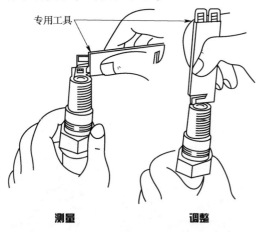

测量　　　　　　调整

第九步　火花塞跳火试验

1号将火花塞连接到实验台上,观察火花塞的跳火情况。

> **提示**
>
> 火花塞跳火状况,可以反映出火花塞性能是否正常。如果火花塞跳火时,产生蓝色火焰并伴随清脆"啪啪"声响,说明火花塞及点火系统良好,点火能量高;如果火花塞跳火时,产生红色火焰并伴随轻微声响,说明火花塞存在故障,点火能量低;如果火花塞跳火时,中心电极发出的火花不经过侧电极而直接到达壳体,说明火花塞潮湿、脏污或存在内部绝缘故障。

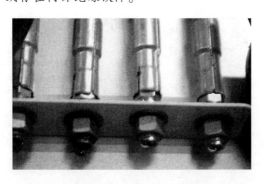

第十步　检查火花塞密封垫圈

1号目视检查火花塞的密封垫圈是否有断裂、扭曲等损伤现象。

> **提示**
>
> 火花塞上的密封垫圈,多由紫铜制成,起到火花塞和汽缸盖间的密封作用,另外,还具有将火花塞的热量传递给汽缸盖的散热作用。

密封垫圈

第十一步　安装火花塞

1 2号将火花塞、火花塞拆装扳手传递给1号。

2 1号将火花塞插入火花塞扳手的套筒内。

> **提示**
>
> 火花塞扳手的套筒中内置橡胶套,当火花塞插入后,将火花塞弹性固定,有利于火花塞的安装或取出。

3 1号将火花塞放入其承孔内,用手调整火花塞扳手的角度,并转动火花塞,感知火花塞螺纹与承孔中的螺纹是否对正。如感觉转动火花塞时,省力平顺且有下行感,证明螺纹已对正。否则,禁止用力旋转火花塞。

> 提示
>
> 安装火花塞时,其螺纹是否对正,完全依靠经验或感觉,这一点应在实践中去体会。

4 2号将预紧力扳手传递给1号。

5 1号使用预紧力扳手将火花塞力矩拧紧到25N·m。

> 提示
>
> 火花塞的拧紧力矩要符合规定要求,过大或过小都会对发动机造成一定的危害。若力矩过大,螺纹孔的螺纹容易滑扣,导致汽缸盖报废;若力矩过小,则容易导致漏气或火花塞脱出。

第十二步 安装高压分缸线

1 1号确认高压分缸线上标注的缸序编号或自制区分标签。

> 提示
>
> (1)原车配套安装的高压分缸线上标注有缸序字样。
>
> (2)桑塔纳型轿车装用的AJR发动机采用无分电器点火系统中的双缸直接点火方式。因此,高压分缸线次序如果出现错乱(特别是二缸、三缸容易错乱),将会影响到发动机的正常起动和运转。

2 1号按照 AJR 型发动机的高压分缸线布置形式,将一缸、二缸高压导线穿过进气歧管上的前端孔并通过缸线卡连接起来;三缸、四缸的高压导线穿过进气歧管上的后段孔同样用缸线卡连接起来。

> 提示
>
> 缸线卡用来连接相邻两根高压导线(一缸和二缸、三缸和四缸),减轻因发动机的振动而引起的高压导线摆晃。

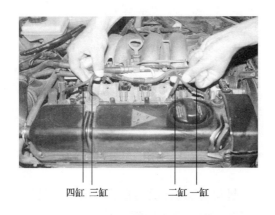

四缸 三缸 二缸 一缸

3 2号将缸线钳传递给1号。

4 1号根据各缸高压分线上的区分标签或缸序编号,使用缸线钳将高压分缸线依次安插到对应缸的火花塞上。

> 提示
>
> 缸线钳的使用方法请参阅前文说明,此处不再赘述。

5 1号最后确认高压分缸线安插顺序是否正确。

> 提示
>
> 最后确认,以保证高压分缸线安插顺序正确。

第十三步　安装发动机装饰罩

1 2号将发动机装饰罩传递给1号。

2 1号将装饰罩安放到发动机上并对齐螺栓孔。

3 2号将固定螺栓传递给1号。1号用手旋上发动机装饰罩固定螺栓。

🔔 提示

由于发动机装饰罩上的螺栓孔较深,直接用手难以旋入螺栓,可借助 φ5mm 内六角扳手和接杆。

4 2号将棘轮扳手传递给1号。

5 1号使用 φ5mm 内六方接头、接杆、快速扳手将螺栓力矩拧紧到 15N·m。

🔔 提示

螺栓拧紧力矩较小,紧固时用力不要过大,防止螺栓折断或滑扣。

第十四步 发动机运行检查

起动发动机,观察怠速运转稳定性,急加减速,观察发动机响应性。如果均正常(排除火花塞以外其他因素),则更换火花塞完毕。

第十五步 整理工位

参见"整理工位"。

八、考核标准

考 核 标 准 表

考核时间	序号	考核项目	满分	评分标准	得分
40min	1	打开并支撑机舱盖	3	操作不当扣3分	
	2	安装汽车保护罩	3	酌情扣分	
	3	检查驻车制动器	3	检查不到位扣3分	
	4	检查变速器挡位	3	检查不到位扣3分	
	5	报告发动机的水温	3	报告错误扣3分	
	6	拆卸发动机装饰罩	4	操作不当扣4分	
	7	清洁发动机上部	3	清洁遗漏扣3分	
	8	拆卸高压分缸线	5	操作不当扣5分	
	9	粘贴分缸线区分标	4	操作遗漏扣4分	
	10	清洁火花塞座孔	5	清洁遗漏扣5分	
	11	拆卸点火控制模块电插头	4	操作不当扣4分	
	12	拆下喷油器电插头	4	操作不当扣4分	
	13	拆卸火花塞	6	操作不当扣6分	
	14	清洁火花塞积炭	7	操作不当扣7分	
	15	测量电极间隙	5	报告错误扣5分	
	16	调整电极间隙	4	操作不当扣4分	
	17	检查火花塞密封垫圈	3	操作不当扣3分	
	18	安装火花塞	6	操作不当扣6分	
	19	安装高压分缸线	6	操作不当扣6分	
	20	确认高压分缸线的顺序	5	操作不当扣5分	
	21	安装喷油器电插头	6	操作不当扣6分	
	22	安装发动机装饰罩	4	操作不当扣4分	
	23	整理工位卫生	4	操作不当扣4分	
	24	遵守相关安全规范		因违规操作造成人身和设备事故的,总分按0分计	
		分数合计	100		

项目七 检测、更换点火高压导线

一、项目说明

1. 概述

发动机点火系高压导线的作用是将点火线圈产生的高压电送至火花塞,其特点是工作电压高(15kV 以上)、电流强度小、绝缘层厚、线芯截面积小。

高压导线由于长时间处于高温环境中,加之潮湿空气的侵袭,以及检修时受到剧烈弯折,就可能出现绝缘层老化、龟裂、线芯折断以及阻尼电阻损坏等损伤,导致漏电、断电等故障发生,致使发动机的使用性能和高压导线的抗电磁波干扰能力下降。因此,应对高压导线进行检测,必要时予以更换。

2. 高压导线的类型

国产汽车用高压导线有铜芯线和阻尼线两种。为了衰减火花塞产生的电磁波干扰,目前国内外汽车上多采用高压阻尼点火线。高压阻尼点火线的制作方法和结构有多种,常见的有金属电阻丝式和塑料芯导线式。金属电阻丝式又分为金属电阻丝线芯式和金属电阻丝线绕式两种。

3. 高压导线的连接

中央高压导线的两端分别连接点火线圈和分电器盖的中央插孔;高压分缸导线分别连接分电器盖的旁电极插孔和火花塞。AJR 型发动机的点火系统中取消了分电器,高压导线的两端连接点火控制模块和火花塞。

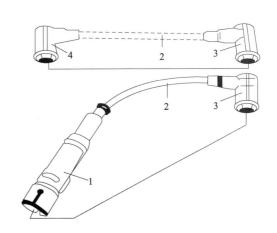

1-火花塞端;2-高压导线;3-分电器端;4-点火线圈端

二、技术标准与要求

(1)安装与 AJR 型发动机配套使用的高压导线;

(2)AJR 型发动机高压导线的电阻值为 $5.8 \sim 6.2\Omega$;

(3)高压导线出现绝缘层老化、龟裂、线芯折断以及阻尼电阻损坏等损伤后,必须更换新的高压导线。

三、实训时间:30min

四、实训教学目标

（1）了解检查和更换高压导线的重要性；

（2）熟悉高压导线的类型和在点火系统中的连接情况；

（3）掌握检查和更换高压导线的操作技能。

五、实训器材

桑塔纳2000GSi 型轿车

万用表

吹气枪

缸线钳

六、教学组织

1. 教学组织形式

每辆车安排4名学生参与实训,两名学生一组,一组操作,一组观察学习。

2. 学生站位分工和要求

两名学生一组,按照1号、2号进行编号,1号为主,2号辅助。

3. 实训教师职责

讲解操作步骤和注意事项；下达"操作开始"口令；工位间巡视、检查、指导和纠正错误。

4. 学生职责变换

2名学生实行职责变换制度,即第一遍1号为主,2号辅助；第二遍2号为主,1号辅助。

七、操作步骤

第一步　事前准备

参见"事前准备"。

第二步　拆卸发动机装饰罩

1 2号将φ5mm内六角接头、接杆、棘轮扳手传递给1号。

2 1号使用工具将发动机装饰罩的4条固定螺栓拧松,用手取下固定螺栓,最后取下发动机装饰罩。

> **提示**
>
> 拆卸内六角螺栓时，要使用专用工具。禁止使用螺丝刀等工具铳砸螺栓，以免造成螺栓损伤。

3 2号接收1号传递来的工具、螺栓、发动机装饰罩并摆放到工具车、零件车的规定位置。发动机装饰罩摆放如图所示。

> **提示**
>
> 发动机装饰罩为橡胶材料制成，拆卸或放置时，严禁弯折和重压。

第三步　清洁发动机上部

1 2号将吹气枪传递给1号。

2 1号使用吹气枪将发动机上部的尘埃等杂物清理干净。

> **提示**
>
> 将发动机上部的尘土、杂物清理干净，是规范操作的基本要求。

第四步　取下高压分缸线

1 1号将汽缸区分标签粘贴于高压分缸线上。如右图所示，第三缸的高压分缸线粘贴标明"三缸"字样的标签。

> **提示**
>
> （1）桑塔纳2000GSj型轿车装用的AJR发动机采用无分电器点火系统中的双缸直接点火方式。因此，高压分缸线次序如果出现错乱，（特别是二缸、三缸容易错乱），将会影响到发动机的正常起动和运转。
>
> （2）高压导线上带有缸序编号的应注意确认。

2 2号将缸线钳传递给1号。

🕐 提示

缸线钳的使用方法：调整钳柄使钳口张开，将钳口套于高压分线的金属外罩上部，握紧手柄，钳口收缩并夹紧缸线外罩，用力左右摆动并上拉缸线钳，高压分线便可取下。

3 1号使用缸线钳拆卸各个汽缸的高压分缸线与火花塞连接端。

🕐 提示

（1）拔高压分缸线时，应使用专用工具——缸线钳，既可以操作省力，又可最大限度保证高压分缸线不受损伤。

（2）如无专用缸线钳，用手拔出高压分线时，应捏住高压分线保护罩，严禁直接拉拔缸线，否则，容易损坏高压分线。

4 2号接收缸线钳并摆放到工具车上。

5 1号用手拔下位于进气歧管下方与点火控制模块连接的高压分缸线的另一端。

🕐 提示

（1）高压分缸线与点火控制模块连接端，拆卸时难度较大，可从进气歧管的圆弧处，在前后两个方向把手伸入，能够分别拔下一缸、二缸和三缸、四缸的高压分缸线。

（2）用手拔取高压分缸线时，要捏紧缸线保护罩，向下用力不要过猛，以免碰伤手。

（3）严禁直接拉拔缸线，否则容易损坏分缸线。

（4）在点火开关关闭状态下，拔取高压分缸线。

6 1号将拆下的高压分缸线传递给2号。

7 2号将高压分缸线放置到零件车上。

8 高压分缸线全部取下后,1号使用吹气枪清洁火花塞孔周围。

💡 提示

清除火花塞孔周围的尘土、杂物等,有利于高压分缸线和火花塞良好接触。

第五步 高压分缸线的检测

1 1号稍稍弯曲高压分缸线,目视检查橡胶绝缘层是否有老化裂纹现象。

💡 提示

(1)如果高压分缸线的橡胶表皮层出现龟裂老化,则高压分缸线的绝缘性下降,容易发生漏电现象。特别是在阴雨潮湿气候条件下,漏电现象更为突出。

在夜晚昏暗光线下,运转发动机,便会清楚地看到漏电火花。

(2)高压导线严禁剧烈弯折,否则容易造成损伤。

2 1号检查高压分缸线与点火控制器连接端的金属触点是否有烧蚀或腐蚀物、固定卡是否脱落或变松;检查与火花塞连接端的金属触点是否有烧蚀或腐蚀物、火花塞固定橡胶套是否老化或剥落。如有上述现象,对于金属触点则砂磨清理干净;对于固定卡脱落、火花塞固定橡胶套剥落,更换新的高压导线。

💡 提示

(1)高压导线连接触点、固定卡、火花塞固定橡胶套的检查,主要目的是保证高压导线与之相连接的电器元件之间可靠接触,避免因接触不良引起高压断火和触点烧蚀等,使发动机的正常工作受到影响。

(2)另外,还应对火花塞的接线螺母、点火控制器金属插孔进行清理,确保与高压导线接触良好。

项目七　检测、更换点火高压导线

3 1号使用万用表测量高压分缸线的电阻值。

> 提示
>
> （1）万用表的使用方法：打开电源开关，将选择开关调至200Ω挡位，然后将正、负表笔分别与高压分缸线的两端插孔可靠接触，从万用表的显示屏上读取高压分缸线的电阻值。
>
> （2）AJR型发动机使用的高压分缸线的电阻值为5.8～6.2Ω。
>
> （3）点火系统高压导线的电阻值应符合规定要求，过大或过小都对火花塞的点火性能造成不良影响。若电阻值过大，流经导线的电流强度降低；若电阻值过小，则产生的电磁波干扰严重。

第六步　安装高压分缸线

1 1号确认高压分缸线上标注的缸序编号或自制区分标签。

> 提示
>
> （1）原车配套安装的高压分缸线上标注有缸序字样。
>
> （2）桑塔纳型轿车装用的AJR发动机采用无分电器点火系统中的双缸直接点火方式。因此，高压分缸线次序如果出现错乱，（特别是二缸、三缸容易错乱），将会影响到发动机的正常起动和运转。

2 1号按照AJR型发动机的高压分缸线布置形式，将一缸、二缸高压导线穿过进气歧管上的前端孔并通过缸线卡连接起来；三缸、四缸的高压导线穿过进气歧管上的后段孔同样用缸线卡连接起来。

> 提示
>
> 缸线卡用来连接相邻两根高压导线（一缸和二缸、三缸和四缸），减轻因发动机的振动而引起的高压导线摆晃。

3 2号将缸线钳传递给1号。

4 1号根据各缸高压分线上的区分标签或缸序编号,使用缸线钳将高压分缸线依次安插到对应缸的火花塞上。

> 🔔 **提示**
>
> 缸线钳的使用方法请参阅前文说明,此处不再赘述。

5 1号用手插上与点火控制模块连接的高压分缸线的另一端。

> 🔔 **提示**
>
> (1)高压分缸线与点火控制模块连接端,拆装时难度较大,可从进气歧管的圆弧处,在前后两个方向把手伸入,能够分别插上一缸、二缸和三缸、四缸的高压分缸线。
>
> (2)用手插上高压分缸线时,要捏紧缸线保护罩,对正点火控制模块上的相应插孔,向上用力并转动导线,要保证导线插接到位。

(3)要求高压分缸线安装后,应呈自然弯曲状态,禁止出现生硬弯曲。

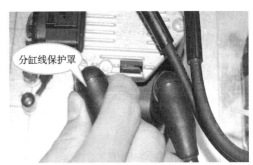

6 1号最后确认高压分缸线安插顺序是否正确。

> 🔔 **提示**
>
> 最后确认,以保证高压分缸线安插顺序正确。

第七步 安装发动机装饰罩

1 2号将发动机装饰罩传递给1号。

项目七　检测、更换点火高压导线

2 1号将装饰罩安放到发动机上并对齐螺栓孔。

3 2号将固定螺栓传递给1号。1号用手旋上发动机装饰罩固定螺栓。

> **提示**
>
> 由于发动机装饰罩上的螺栓孔较深，直接用手难以旋入螺栓，可借助φ5mm内六角扳手和接杆。

4 2号将棘轮扳手传递给1号。

5 1号使用φ5mm内六角接头、接杆、快速扳手将螺栓力矩拧紧到15N·m。

> **提示**
>
> 螺栓拧紧力矩较小，紧固时用力不要过大，防止螺栓折断或滑扣。

第八步　发动机运行检查

起动发动机，观察怠速运转稳定性，急加减速，观察发动机响应性。如果均正常（排除高压分缸线以外其他因素），则更换高压分缸线完毕。

第九步 整理工位

参见"整理工位"。

八、考核标准

考 核 标 准 表

考核时间	序号	考核项目	满分	评分标准	得分
30min	1	打开并支撑机舱盖	4	操作不当扣4分	
	2	安装汽车保护罩	5	酌情扣分	
	3	拆卸发动机装饰罩	6	操作不当扣6分	
	4	清洁发动机上部	6	清洁不彻底扣6分	
	5	高压分缸线拆卸前缸序确认或粘贴缸序区分标签	8	确认遗漏扣8分	
	6	拆卸高压分缸线与火花塞连接端	7	操作不当扣7分	
	7	拆卸高压分缸线与控制模块连接端	7	操作不当扣7分	
	8	清洁火花塞座孔周围	6	清洁遗漏扣6分	
	9	检查并清理高压分缸线的触点及固定卡、橡胶套	10	检查或操作遗漏扣10分	
	10	检查高压分缸线的电阻值	10	操作不当扣10分	
	11	安装前确认高压分缸线的缸序	7	确认遗漏扣7分	
	12	安装高压分缸线	7	操作不当扣7分	
	13	高压分缸线顺序安装后确认	8	确认遗漏扣8分	
	14	安装发动机装饰罩	5	操作不当扣5分	
	15	整理工位卫生	4	酌情扣分	
	16	遵守相关安全规范		因违规操作造成人身和设备事故的,总分按0分计	
		分数合计	100		

项目八　更换发动机传动皮带和皮带张紧器

一、项目说明

1. 概述

发动机传动皮带用于将发动机的动力传递给空调压缩机、水泵、发电机等附属部件,带动其工作。随着使用时间的延长,传动皮带会出现磨损、老化、裂纹等损伤,导致传动皮带异响、打滑甚至折断,致使空调压缩机、水泵、发电机等工作不良或不工作。因此,及时检查调整或更换发动机传动皮带,是保障空调压缩机、水泵、发电机等附属部件正常工作的前提条件,也是汽车维护项目中的重要内容。

2. 发动机传动皮带安装形式及附属部件位置关系简图

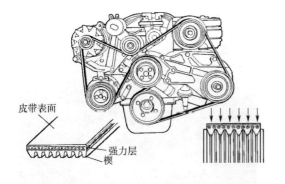

二、技术标准与要求

(1)安装与雪佛兰科鲁兹 LDE 型发动机配套使用的传动皮带;

(2)传动皮带检查项目:工作面裂纹、偏磨、外表面橡胶层开裂、断层;

(3)传动皮带张紧器螺栓紧固力矩为 55N·m;

(4)必须采用专用工具 EN-6349 销拆装皮带张紧器;

(5)发动机传动皮带如出现磨损、老化、裂纹等损伤,必须更换新的传动皮带;

(6)传动皮带张紧器如出现异响、卡滞、严重磨损等,必须更换新的皮带张紧器。

三、实训时间:90min

四、实训教学目标

(1)了解更换发动机传动皮带的重要性;

(2)熟悉雪佛兰科鲁兹 LDE 发动机传

动皮带安装形式及附属部件位置关系；

(3) 掌握更换发动机传动皮带和皮带张紧器的操作技能。

五、实训器材

专用工具：EN-6349 销。

常用工具：19 号套筒、E14 套筒、棘轮扳手、扭力扳手、变径接头、滑杆、接杆。

六、教学组织

1. 教学组织形式

每辆车安排 4 名学生参与实训，两名学生一组。一组操作，一组观察学习。

2. 学生站位分工和要求

两名学生一组，按照 1 号、2 号进行编号，1 号为主，2 号辅助。

3. 实训教师职责

讲解操作步骤和注意事项，下达"操作开始"口令；工位间巡视、检查、指导和纠正错误。

4. 学生职责变换

2 名学生实行职责变换制度，即第一遍 1 号为主，2 号辅助；第二遍 2 号为主，1 号辅助。

七、操作步骤

第一步 事前准备

参见"事前准备"。

第二步 举升车辆

按照举升机使用说明操作。

第三步 拆下前舱防溅罩

1 2 号将 8 号套筒、接杆、棘轮扳手组装完毕后递给 1 号。

2 1 号拆卸防溅罩下三颗固定螺栓。操作完毕后将工具回传给 2 号。

项目八　更换发动机传动皮带和皮带张紧器

> 💡 提示
>
> 车下作业时，应采取人身安全防护措施，如佩戴防护帽、防护手套，穿防护服等。

3 1号接过内饰板拆装工具，拆卸防溅罩侧面两颗塑料卡扣。

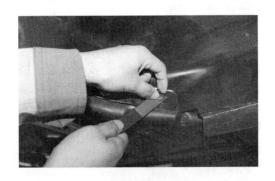

> 💡 提示
>
> 卡口拆卸时必须采用专用内饰板拆装工具，防止造成卡扣损坏。

4 2号将防溅罩摆放到零件车上。

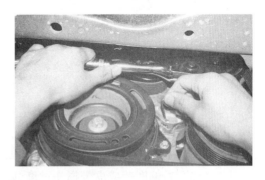

> 💡 提示
>
> 旋转张紧器所处空间狭小，要保持工具与螺栓完全接触，且不会发生歪斜。防止工具滑出，碰伤手或损坏螺栓。

3 1号取下发动机传动皮带。

第四步　锁止皮带张紧器并拆卸传动皮带

1 2号将19号梅花套筒、快速扳手组装完毕后递给1号。

2 1号逆时针旋转皮带张紧器，并用EN-6349销锁止。

> 💡 提示
>
> 取下发动机传动皮带过程中，严禁过度扭转、生拉硬拽，以免造成传动皮带损坏。

第五步　检查发动机传动皮带

1 1号将发动机传动皮带稍作弯曲，

目视检查发动机传动皮带工作面是否存在裂纹，如有明显裂纹，则更换传动皮带。

> 提示

如果传动皮带已经出现明显的裂纹，则说明皮带已经达到使用极限，如继续使用，则会出现传动皮带打滑、折断等，影响发动机附属部件正常工作。

2 1号目视检查传动皮带是否存在偏磨现象。如存在偏磨造成皮带损伤过度，则应更换传动皮带。

> 提示

若存在偏离现象，则检查发电机、空调压缩机、水泵、曲轴等部件的皮带轮，是否出现磨损、变形或安装位置不当。

3 1号目视检查发动机传动皮带是否存在橡胶层开裂、断层现象。若存在，则更换传动皮带。

> 提示

如传动皮带外表面出现开裂活断层，则表明传动皮带已经老化，不宜继续使用，应

予以更换新品。

第六步 拆卸并检查皮带张紧器

1 2号将滑杆、E14组装完毕后传递给1号。

2 1号用滑杆、E14工具松开皮带张紧器固定螺栓。操作完毕后将工具回传给1号。

> 提示

拆卸完全紧固的螺栓时不可使用棘轮扳手松开，必须采用滑杆或指针式扭力表松开后再使用棘轮扳手。

3 2号将E14、棘轮扳手组装完毕后递给1号。

项目八　更换发动机传动皮带和皮带张紧器

4 1号接过工具,拆下皮带张紧器固定螺栓。操作完毕后将工具回传给2号。

> 提示
>
> 螺栓松开至最后时,要用手扶住张紧器,以免掉落砸伤人员或损伤机件。

5 1号用手转动皮带张紧器,倾听是否存在异响或转动卡滞现象。若存在,则更换皮带张紧器。

> 提示
>
> 传动皮带张紧器损坏后如不及时更换,会严重缩短皮带使用寿命。

第七步　安装皮带张紧器及传动皮带

1 1号将皮带张紧器及固定螺栓先用手预装在发动机上。

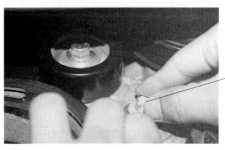

> 提示
>
> 用手预装固定螺栓能够保证螺栓良好定位,避免损坏螺纹。

2 2号组装E14、扭力扳手并调至55N·m后传递给1号。

3 1号确认扭矩数据后将皮带张紧器、固定螺栓扭紧至规定力矩。操作完毕后将工具回传给2号。

> 提示
>
> 螺栓紧固时必须遵照维修手册规定力

矩,不可盲目操作。

4 2号将新发动机传动皮带检查无异常后传递给1号。

5 1号再次确认发动机传动皮带质量后安装至发动机。

> 提示
>
> 皮带安装顺序遵照由上到下、最后安装至皮带张紧器的原则。传动皮带安装时要保证皮带与皮带轮突缘盘位置正确。

6 2号将19号梅花套筒、快速扳手组装完毕后传递给1号。1号逆时针转动皮带张紧器,取下EN-6349销。

7 1号顺时针旋转皮带张紧器以增加皮带张紧力。操作完毕后将工具回传给2号。

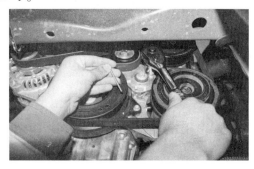

> 提示
>
> 释放张紧力时,应让皮带轮张紧器缓慢滑回原位。

8 1号再次确认传动皮带与各皮带轮的接触位置是否正确。

第八步　安装前舱防溅罩

1 2号将前舱防溅罩及三颗固定螺栓递给1号,并辅助1号安装。

> 提示
>
> 为避免造成部件变形甚至损坏,2号用手托住防溅罩辅助1号安装固定螺栓。

2 1号先用手将前舱防溅罩及三颗螺栓预装于车身上。

3 1号接过组装完毕的8号套筒、接杆、扭力扳手将三颗固定螺栓紧固至3 N·m。

4 1号接过三颗塑料卡扣后安装至前舱防溅罩上。

项目八　更换发动机传动皮带和皮带张紧器

5 2号确认举升机周围安全,操作举升机按钮,降下车辆。

第九步　整理工位

参见"整理工位"。

八、考核标准

考 核 标 准 表

考核时间	序号	考核项目	满分	评分标准	得分
40min	1	作业前整理工位	3	酌情扣分	
	2	车辆工位停驻检查	3	1. 确认周围安全1分; 2. 确认车辆与举升机两边距离一致2分	
	3	检查驻车制动器	3	1. 确认驻车制动器拉起1分; 2. 确认驻车制动器拉起是否到位2分	
	4	打开并支撑机舱盖	3	1. 操作方法错误扣1分; 2. 支撑不到位扣2分	
	5	安装汽车保护罩	3	1. 操作不规范扣1分; 2. 安装不到位滑落扣2分	
	6	查找车辆底板的支撑点	4	支撑位置不正确扣4分	
	7	举升车辆	4	1. 未确认举升安全扣2分; 2. 举升高度不便于操作扣2分	

续上表

考核时间	序号	考核项目	满分	评分标准	得分
40min	8	拆卸前机舱防溅罩固定螺栓	6	1. 工具选择不当扣2分； 2. 操作不当扣2分； 3. 工具、零件落地扣2分	
	9	拆卸前机舱防溅罩塑料卡扣	6	1. 工具选择不当扣2分； 2. 操作不当扣2分； 3. 卡扣或工具损坏扣2分	
	10	锁止传动皮带张紧器	8	1. 工具选择不当扣2分； 2. 操作不当扣2分； 3. 工具滑落未造成伤害扣4分	
	11	拆卸发动机传动皮带	6	1. 拆卸顺序错误扣3分； 2. 操作不当扣3分	
	12	检查传动带外表面	6	1. 表面裂纹未检查扣2分； 2. 未检查偏磨扣2分； 3. 未检查开裂、断层扣2分	
	13	拆卸发动机传动皮带张紧器	10	1. 工具选择不当扣2分； 2. 操作不当扣2分； 3. 工具、零件落地扣2分； 4. 工具滑落未造成伤害扣4分	
	14	检查发动机传动皮带张紧器	5	1. 表面磨损未检查扣2分； 2. 轴承未检查扣3分	
	15	安装发动机传动皮带张紧器	6	1. 工具选择不当扣2分； 2. 操作不当扣2分； 3. 力矩选择不当扣2分	
	16	安装发动机传动皮带	6	1. 安装顺序错误扣3分； 2. 安装后未检查扣3分	
	17	确认发动机传动皮带安装位置	5	五个位置每遗漏一个扣1分	
	18	安装前舱防溅罩	6	1. 工具选择不当扣2分； 2. 工具、零件落地扣2分； 3. 力矩选择不当扣2分	
	19	降下车辆	4	1. 未确认降落安全扣2分； 2. 操作不当扣2分	
	20	作业后整理工位	3	酌情扣分	
	21	遵守相关安全规范		因违规操作造成人身和设备事故的，总分按0分计	
		分数合计	100分		

项目九 检查、更换节温器

一、项目说明

1. AJR型发动机冷却系统的组成

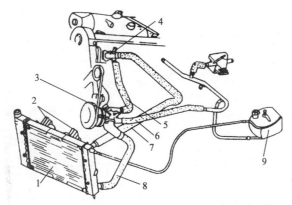

1-散热器;2-风扇;3-水泵;4-机体进水口(进入汽缸体、汽缸盖水套);5-旁通水管;6-暖气回水进水泵水管;7-机体冷却水出口与散热器进水口接管;8-散热器出水管;9-冷却液膨胀箱

2. 节温器概述

发动机冷却系统中的节温器是控制冷却液流动路径的阀门,主要功能是缩短发动机的暖机时间。现代汽车广泛采用蜡式节温器,通常安装在汽缸盖上的出水口处,而AJR型发动机的节温器,则安装在汽缸体上的水泵进水口处。

节温器故障不外乎有以下几种情况:节温器不能开启或开启升程不足,导致发动机短时间内高温;节温器不能关闭或关闭不严,导致发动机低温下运行时间过长。由节温器导致的发动机水温过高或过低,都会加剧发动机的机件磨损,缩短发动机的使用寿命。另外,发动机长时间低温下运行,发动机的进气预热系统、车厢内的暖风系统将不能充分发挥作用。

3. 节温器的工作原理

当发动机水温低于规定值时,节温器感温体内的石蜡呈固态,节温器阀在弹簧的作用下,关闭发动机与散热器间的冷却液通道,冷却液经水泵返回发动机,进行小循环。

当发动机水温达到规定值时,石蜡开始溶化,体积增大并压迫橡胶管使其收缩,同时对推杆施加向上的推力。由于推杆上端固定,因此,推杆产生的反力使阀门打开。

这时冷却液经散热器、节温器、水泵进入发动机水套,进行大循环。

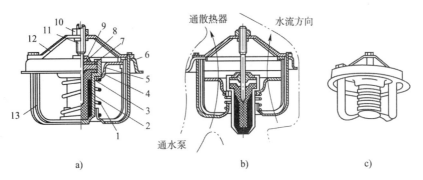

单阀错式节温器
a) 关闭状态;b) 开启状态;c) 外形
1-弹簧;2-石蜡;3-胶管;4-感温体;5-节温器阀;6-阀座;7-隔圈;8-密封圈;9-节温器盖;10-螺母;11-推杆;12-上支架;13-下支架

二、技术标准与要求

(1)安装与 AJR 型发动机配套使用的节温器;

(2)AJR 型发动机冷却系统中的节温器的性能参数:

开启温度为 87℃±2℃,全开温度 102℃±3℃,最大升程大于 7mm;

(3)节温器的安装方向要正确;

(4)节温器盖螺栓的规定力矩为 20N·m。

三、实训时间:45min

四、实训教学目标

(1)了解检查、更换发动机冷却系统中节温器的重要性;

(2)熟悉 AJR 型发动机冷却系统的组成;

(3)熟悉 AJR 型发动机冷却系统中节温器的工作原理;

(4)掌握检查、更换 AJR 型发动机冷却系统中节温器的操作技能。

五、实训器材

测温计

桑塔纳 2000GSi 型轿车
鲤鱼钳,
16~17mm 开口扳手,φ6mm 内六角扳手,
接水盆。

检测仪

φ8mm 套筒及扳手

φ13mm 套筒及扳手

φ8mm 开口扳手和 φ8mm 内六角扳手

六、教学组织

1. 教学组织形式

每辆车安排 4 名学生实训,两名学生一组,一组操作,一组观察学习。

2. 学生站位分工和要求

两名学生一组,按照 1 号、2 号进行编号。1 号为主,2 号辅助。

3. 实训教师职责

讲解操作步骤和注意事项;下达"操作开始"口令;工位间巡视、检查、指导和纠正错误。

4. 学生职责变换

两名学生实行职责变换制度,即第一遍 1 号为主,2 号辅助;第二遍 2 号为主,1 号辅助。

七、操作步骤

第一步 事前准备

参见"事前准备"。

第二步 发动机预热

1 1 号进入驾驶室,确认驻车制动器已拉紧。

> 提示
>
> 发动机起动前,应保证驻车制动器已工作并可靠有效,防止发动机起动时因车辆移动而发生事故。

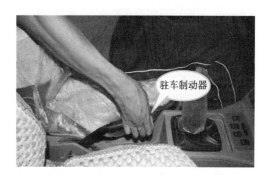

2 1 号横向摆动变速器挡位控制手柄,确认变速器处于空挡位置。

> 提示
>
> 挂挡起动发动机属于违规操作,且危险性极大。因此,发动机起动之前,应将变速器挡位控制手柄置于空挡(N 挡)或驻车挡(P 挡)位置。

3 1 号打开点火开关,起动发动机并保持怠速运转 3~5min。其间,注意观察水温表指示数值的变化,当水温到了 90℃左右时,关闭点火开关,停止发动机运转。

> 提示
>
> AJR 型发动机冷却系统采用的节温器,其开启温度是 87℃±2℃,全开温度 102℃±3℃。因此,只有发动机的温度到了 90℃左右时,才能够将发动机汽缸体内的冷却液排放较为彻底,减少拆卸节温器时的冷却液损失量。

第三步　排放冷却液

1 2号操纵举升机,将车辆举升到目标高度后,可靠停驻。1号确认车辆可靠停驻后,方可进入车下作业。

2 2号将鲤鱼钳传递给1号。

3 2号将接水盆放置于散热器的下方,正对于下水管与散热器出水接口处。

> 提示
>
> 冷却液回收桶放置的位置要适当。否则,下水管脱开时,冷却液会洒落到地面上。

4 1号使用鲤鱼钳将下水管的卡箍张开并拉离水管和接口的接触部位,取下鲤鱼钳,使卡箍保留在下水管上。

> 提示
>
> (1) 鲤鱼钳的用法:扳动钳柄,使钳口张开,将卡箍拆装端置于钳口内,握紧钳柄,钳口收缩,使卡箍扩张。
>
> (2) 下水管的卡箍是由弹簧钢片制成的,刚度较大,拆装困难。拆装过程中,要注意正确选择和使用工具。

5 1号双手握住下水管靠近散热器进水接口处,上下左右摆动水管,待水管与进水接口松动后,转动并向后拉出水管。

> 提示
>
> (1) 水管因长期被紧箍在水管接口上,

同时又受到发动机高温的影响,所以,水管的内橡胶层会与水泵的进水接口发生粘连,给拆卸工作带来了一定的难度。

（2）水管拆卸时,严禁使用一字形螺丝刀等尖锐器具,否则,会造成水管损坏。

（3）下水管即将脱开时,要防止被冷却液烫伤。

一定角度,当张紧机构上的定位孔与其支架上的挡块对齐时,2号将1号传递来的定位销插入定位孔中,定位销被支架上的挡块阻挡,张紧机构被固定在该位置。

● 提示

（1）在使用工具转动张紧机构时,工具要保持正直。因为张紧机构弹力较大,如果用力时工具歪斜,容易使工具滑脱伤手。

（2）定位销插入定位孔后,要稍稍转动张紧机构,确定定位销已被支架挡块可靠阻挡,方可松开工具。否则,张紧机构会弹回伤手。

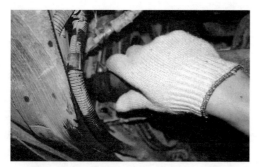

6 待冷却液不再流出时,1号将下水管安装到出水接口上。

● 提示

下水管的安装和拆卸的顺序相反,在此不再详细说明。但要注意卡簧安装后,最好是在其原位置,防漏效果要好些。

第四步　拆卸发电机

1 2号将16~17mm开口扳手传递给1号。

2 1号将扳手的17mm开口端卡住发电机传动带张紧机构上的调整凸块,用力向发电机侧扳动扳手,使张紧机构顺时针转动

3 张紧机构被固定后,1号确认发电机传动带已松弛。

● 提示

张紧机构被固定后,张紧轮对传动带的压紧力消失,传动带变松。这时取下传动带便会轻松省力。

4 1号将传动带从发电机皮带轮、动力转向油泵皮带轮、曲轴皮带轮上取下来。

> 💡 提示

(1)取下传动带时,操作人员双手要干净。禁止将油、水等粘附到传动带上。

(2)如果传动带取下困难,可先将传动带从张紧轮或导向轮上脱出,这样便会更容易些。

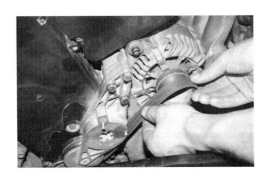

5 2号将 ϕ10mm 套筒、接杆、棘轮扳手传递给1号。

6 1号使用工具拧松蓄电池负极线的固定螺栓,然后从极柱上取下负极线,并使负极线可靠离开蓄电池极柱。

> 💡 提示

断开蓄电池与电气系统的电路,目的是防止在拆卸发电机的过程中,导线搭铁产生的短路电流损坏微机控制单元(ECU)。

7 2号将 ϕ6mm 内六角扳手传递给1号。1号使用 ϕ6mm 内六角扳手拧松发电机支架上端的1条螺栓。

> 💡 提示

内六角扳手的使用方法:松开或紧固螺栓时,要右手握长杆,省力;旋入或旋出螺栓时,要右手握短杆,快速;扳手在螺栓的螺母中要插入到位,防止滑出;不使用过度磨损的内六角扳手,否则容易损坏螺栓。

8 2号将 ϕ8mm 内六角扳手传递给1号。1号使用 ϕ8mm 内六角扳手拧松发电机支架下端的1条螺栓。1号用手取下两条固定螺栓后传递给2号。2号将螺栓摆放到零件车上。

> 💡 提示

内六角扳手的使用方法,请参阅前文

说明。

9 2号将木柄锤传递给1号。

10 1号将木质锤柄插入发电机和支架间的空隙中,撬动发电机。

> 提示
>
> 发电机和支撑架之间配合较紧,即使发电机的固定螺栓已全部拆下,直接用手取出发电机也是比较困难的。使用木质锤柄撬动发电机,可减小取出发电机的难度。

11 1号从支架上取出发电机后,用2号传递来的φ13mm套筒、棘轮扳手拧松发电机后端盖上的B接线柱上的固定螺母。取下螺母后,将导线脱离B接线柱。

> 提示
>
> (1)B接线柱上的导线是发电机与蓄电池、用电设备之间的电流通道。发电机可向用电设备(起动机除外)供电,同时还向蓄电池充电。
>
> (2)拆卸导线时,要扶稳发电机,避免发电机受到损伤。

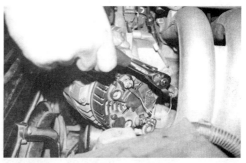

12 1号使用2号传递来的φ10mm套筒、棘轮扳手拧松发电机后端盖上的励磁导线固定螺母,取下螺母后,将导线脱离接线柱。

> 提示
>
> 蓄电池通过励磁导线为发电机的励磁绕组提供励磁电流,保证发电机在低速时能够快速地建立电压,由他励状态转变为自励状态。

13 1号将发电机传递给2号,2号将其摆放到零件车上。

> 提示
>
> 在传递和摆放发电机的过程中,应轻拿

轻放,严禁碰摔。否则,发电机容易损坏。

> 💡 提示
>
> (1)节温器如果取下时困难,可用橡胶锤轻轻敲击振动。严禁使用螺丝刀撬或铁锤砸。
>
> (2)注意节温器盖在汽缸体上的安装方向,带有条形凸起的一侧朝向发动机的前方。

第五步　拆卸节温器

1 1号将φ10mm套筒、接杆、棘轮扳手传递给2号。

2 1号使用工具拧松节温器盖的两条固定螺栓。取出螺栓后,将螺栓、工具传递给2号。2号将其摆放到零件车、工具车上。

> 💡 提示
>
> 节温器所处位置较为隐蔽,使用工具时动作要轻缓,注意不要碰伤手。

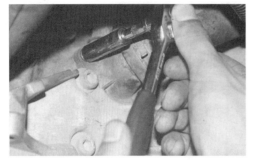

3 1号将节温器盖上的螺栓拆卸完毕,确认节温器的安装方向后将其取下。

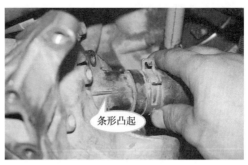

条形凸起

4 1号首先确认节温器的安装方向,然后用手取出节温器,传递给2号。

> 💡 提示
>
> 节温器安装方向:带推杆的一端应朝外;带感温体的一端朝向汽缸体或汽缸盖上的水套。

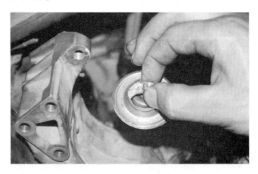

第六步　相关检查

1 节温器的性能检查。

(1)检查节温器的开启性能。

将节温器置于水中加热,用温度计检测水温,当水温达到87℃±2℃时,阀门开始开启;水温达到102℃±3℃时,阀门全开达最大升程:阀门最大升程大于7mm。

(2)检查节温器的关闭性能。

方法一:

停止对水加热,使水自然冷却,阀门应逐渐关闭,当水温降至87℃±2℃时,阀门应全闭。

方法二:

将节温器从水中取出,使之自然降温,阀门应逐渐关闭,直至全关。

如果节温器的开闭温度不符合规定要求,说明节温器有故障,应更换节温器。

管。因此,一旦出现裂纹、变形等,不仅会引起冷却液的泄漏,同时还会影响到节温器的正常工作性能。

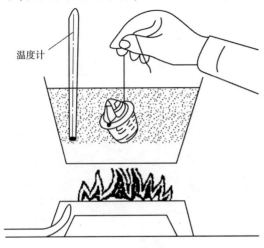

检查节温器阀门变化

2 1号检查冷却系统分水管有无橡胶老化、裂纹、脱层起包等现象。有,更换分水管。

> **提示**
>
> 冷却系统分水管出现以上损伤后,其承压能力下降,若继续使用将会导致分水管的破裂,造成冷却液的泄漏损失,甚至会影响到汽车的使用性能。

3 1号检查节温器盖是否有变形、裂纹。

> **提示**
>
> 节温器盖既是节温器室,又连接分水

4 1号观察卡簧是否出现歪扭变形,是,更换新卡簧;否,检验其弹力。使用鲤鱼钳夹住卡簧的卡口,握紧钳柄,使卡簧涨开,如感到弹力较大,则继续使用;否,更换新卡簧。

> **提示**
>
> 卡簧的弹力大小是决定水管与水泵进水接口密封性的关键因素之一,因此,在使用之前要进行检查或视情更换。禁止使用铁丝等金属丝代替卡簧。

第七步　清洁节温器座及盖

2号将刮刀传递给1号。1号使用刮刀清除节温器座上的腐蚀物、胶质和节温器盖上的胶质等，保持节温器及盖的接触面清洁、平整。

> **提示**
>
> 节温器座及盖的接触面清洁、平整，是保证节温器正常工作，防止冷却液泄漏和节温器盖损伤的重要条件。

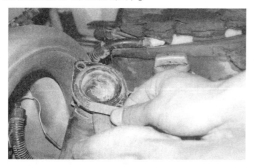

第八步　安装节温器

1 2号将节温器传递给1号。1号按照正确的安装方向将节温器安放在座孔中。

> **提示**
>
> 节温器安装方向的确定方法，请参阅前文说明，不再赘述。

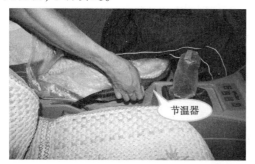

2 2号将节温器的密封垫圈传递给1号。

3 1号用手在密封垫圈上均匀涂抹一

薄层机油后，将其套装在节温器盖上。

> **提示**
>
> (1) 在密封垫圈上涂抹上一薄层机油，可起到加强密封的作用。
>
> (2) 密封垫圈套装在节温器盖上之后，要保持密封垫圈的自然平顺形态。严禁密封垫圈扭曲，否则，冷却液会泄漏。

4 1号将节温器盖按照正确的方向安装到汽缸体上的接合面上。

> **提示**
>
> 节温器盖的安装方向，盖上的条形凸起标记应朝向汽缸体的前方。
>
> 错误的安装会使分水管扭曲，使冷却液在系统内的流动阻力变大，系统散热能力降低，发动机高温。

5 1号对齐节温器盖和汽缸体上的螺栓孔。2号将φ10mm套筒、接杆、棘轮扳手传递给1号。1号使用工具拧紧节温器盖上的两条固定螺栓，然后将工具传递给2号。

项目九　检查、更换节温器

条形凸起

> **提示**
>
> （1）节温器盖上固定螺栓的拧紧力矩为10N·m。如果拧紧力矩过大，将导致节温器盖破裂和螺栓损伤。
>
> （2）节温器所处位置较为隐蔽，使用工具时动作要轻缓，注意不要碰伤手。

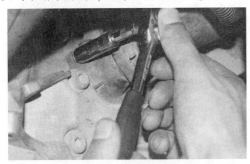

第九步　加注冷却液

1 1号旋下冷却液桶盖，一手握住桶上的手柄，一手托住桶的底部，对准膨胀箱加注口，稍稍倾斜冷却液桶，缓缓将冷却液倒入冷却液膨胀箱内。

> **提示**
>
> 加注冷却液时，动作要舒缓，液流不要过急，防止液体洒到膨胀箱的外面。同时要注意观察冷却液膨胀箱内的液面，避免液体溢出，造成浪费。

2 当冷却系统内的冷却液量不足，而膨胀箱中的液面下降缓慢或停止下降时，2号用手反复捏压散热器的上下水管。液面

下降后，1号继续加注，如此反复进行，直到膨胀箱内的液面位于上下刻度线的中间位置不再变化为止。

> **提示**
>
> 反复捏压散热器的上下水管，目的是排出冷却系统内的空气。因为桑塔纳2000GSi车型采用全封闭式冷却系统，系统内的空气是经排气管至膨胀箱，最后由设置在膨胀箱盖上的蒸汽阀排入大气中。因此，当系统中存有空气，捏压水管时，膨胀箱内会出现气泡。

上刻度线

第十步　检查正时齿带

1 2号选择合适的检漏仪凸缘盘传递

给1号。1号将接头旋紧在冷却液膨胀箱的加水口上。

> 提示
>
> 检漏仪的凸缘盘有多种,应选择适合于该车型的接头,并拧紧接头防止漏气,以免影响检测数据的正确性。

2 1号将检漏仪和凸缘盘连接起来。

> 提示
>
> 检漏仪和凸缘盘之间通过快速接头连接起来。两者连接时,首先将快速接头上拉,然后将密封盖接头插入检漏仪连接管内,最后将快速接头复位即可。

3 1号反复推动压力泵手柄,向冷却系统施加压力。

> 提示
>
> 在向冷却系统加压的同时,要注意倾听是否有漏气声。有,则查找并排出泄漏后再加压。否则,检漏仪检测到的冷却系统压力数据失准。

4 1号在向冷却系统施加压力的同

时,注意观察检漏仪上压力表指示数值的变化。当压力值显示为 0.2MPa 时,停止加压。观察压力表指针的变化情况。

> 提示
>
> 如果压力表上的指针在 5min 的时间内,没有明显变化,证明冷却系统无泄漏;
>
> 如果压力表上的指针下降速度较快,证明冷却系统存在严重的泄漏。

第十一步 安装发电机

1 1号将 B 导线套装在 B 接线柱上,用手旋上螺母。使用2号传递来的 ϕ13mm 套筒、棘轮扳手拧紧 B 接线柱上的固定螺母。

> 提示
>
> (1)安装 B 导线时,要保证导线的接线端与 B 接线柱之间的接触面清洁,无锈蚀物、腐蚀物。否则,两者接触面积小,发电机的电能输出功能下降。可使用细砂布打磨两接触面。
>
> (2)固定螺母的拧紧力矩应适当,过小

会造成线路虚接;过大,螺栓容易滑扣。

2 1号将励磁导线套装在接线柱上,用手旋上螺母。使用2号传递来的 $\phi 10mm$ 套筒、棘轮扳手拧紧励磁导线固定螺母。

> **提示**
>
> 对励磁导线和接线柱以及固定螺栓的力矩要求,与安装B导线相同,请参阅上文说明。

3 1号先将发电机下支撑臂插入固定在汽缸体上的铝制支架的支撑块上,然后将发电机推向汽缸体一侧,调整发电机的位置,使发电机支撑臂的螺栓孔与支架的螺栓孔对齐。

> **提示**
>
> 发电机下支撑臂加工成凹形,与支架上相配合的支撑块之间间隙较小。因此安装发电机时比较困难,应放正且左右摆动发电机才能将发电机安装到位。

4 1号调整发电机的位置,对齐螺栓孔,然后将固定螺栓用手旋入螺栓孔内。最后使用 $\phi 6mm$ 和 $\phi 8mm$ 的内六角扳手,将螺栓力矩分别拧紧到 $25N\cdot m$ 和 $45N\cdot m$。

第十二步 安装发电机传动带

1 1号将发电机传动带安装到曲轴、发电机的皮带轮、导向轮、张紧轮上,并确认传动带安装走向是否正确并安装到位。否,重新安装调整。

> **提示**
>
> (1)安装传动带时,保持双手干净,严禁将油、水黏附到传动带、带轮上。否则,将导致传动带打滑。
>
> (2)传动带安装后,要对传动带的走向和安装到位情况进行确认,以免返工费时和损坏传动带。

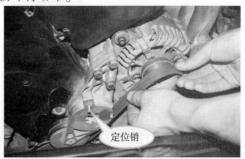

定位销

2 2号将16~17mm开口扳手传递给1号。1号将开口扳手的17mm端卡住传动带张紧机构上的凸块,用力扳动扳手使张紧机构转动微量角度,松动定位销,然后取出定位销。

> 提示
>
> 定位销取出后,张紧机构很大的弹力作用到扳手上。此时操作人员用力应持续,不要松懈,否则,张紧机构急速弹回,会造成人身伤害。

3 1号缓缓放松张紧机构,使张紧轮压向传动带,直到张紧机构不再下降为止,取下扳手并传递给2号。

> 提示
>
> 放松张紧机构的过程中,一定要动作缓慢。否则,张紧机构的弹力使张紧轮对传动带产生很大的冲击力,对传动带造成损伤。另外,容易造成人身伤害。

4 1号用手按压传动带,检查传动带的松紧度。

> 提示
>
> AJR型发动机采用的发电机传动带张紧机构,可自动将传动带的挠度控制在一定的范围内,不需要人工进行张紧力的调整。

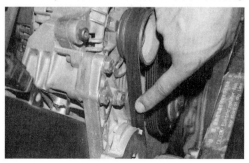

第十三步 安装蓄电池负极桩柱接线

2号将9~10mm梅花扳手传递给1号。1号使用工具拧紧蓄电池负极桩柱的固定螺栓。

> 提示
>
> (1)安装蓄电池负极桩柱接线时,要保证负极桩柱接线的接线端与负极桩柱之间的接触面的清洁,无锈蚀物、腐蚀物。否则,两者接触面积小,蓄电池的电能输出功能下降。可使用细砂布打磨两接触面。
>
> (2)固定螺母的拧紧力矩应适当,过小会造成线路虚接;过大,螺栓容易滑扣。

第十四步 发动机运行检查

1 2号起动发动机,保持急速运转,并

观察仪表中水温表指针的变化情况。1号观察冷却风扇是否转动。

> 提示
>
> 当水温达到 93～98℃时，冷却风扇应低速旋转；当水温达到 105℃时，冷却风扇应高速旋转。

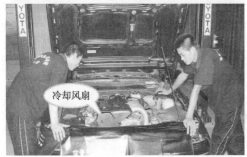

2 2号关闭点火开关，停止发动机运转。1号观察膨胀水箱中冷却液的存量是否适当。否，进行添加补充。

第十五步　使用测温仪检测节温器性能

使用测温仪检测节温器工作情况，可从3个阶段进行检测：节温器开启前（低于85℃）；节温器全开前（85～99℃）；节温器全开时（99～105℃）。

使用测温仪测量发动机进、出水口处水温状况分别是：发动机水温低于85℃时，水温差最大；发动机水温在85～99℃，水温差逐渐减小；发动机水温在99～105℃，水温差基本稳定，变化不大。

1 2号将测温仪传递给1号。

> 提示
>
> 测温仪的使用方法：按下背光键，显示屏背景灯点亮；操作℃/℉键，温度单位在℃（摄氏度）和℉（华氏度）之间切换；按下激光键，可开关激光瞄准器；按下测量键，进行单次测量或连续测量（注：测量时按住测量键时间不能少于0.8s）。

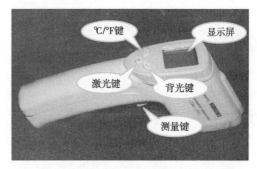

2 1号使用测温仪测量发动机进水口的水温。

> 提示
>
> 注意观察显示屏上水温数据。

3 1号使用测温仪测量发动机出水口的水温。

> **提示**
>
> 注意观察显示屏上水温数据。

4 1号将测温仪传递给2号。2号将测温仪放置于包装盒中。

> **提示**
>
> 测温仪是精密测量仪器,在传递、接收和使用过程中,要轻拿轻放、接收可靠,正确操作。测温仪要妥善保管,防振动、防重压。

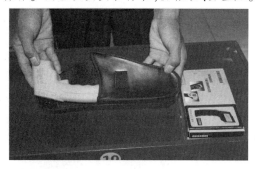

第十六步 整理工位

参见"整理工位"。

八、考核标准

考 核 标 准 表

考核时间	序号	考核项目	满分	评分标准	得分
40min	1	作业前整理工位	1	酌情扣分	
	2	打开并支撑发动机舱盖	2	操作不当扣2分	
	3	粘贴汽车护裙	2	酌情扣分	
	4	起动发动机	2	操作不当扣2分	
	5	排放冷却液	5	操作不当扣5分	
	6	松开发电机传动带	2	操作不当扣3分	
	7	拆卸蓄电池负极连接线	2	操作不当扣3分	
	8	拆卸发电机	4	操作不当扣4分	
	9	拆卸发电机连接导线	3	操作不当扣3分	
	10	拆卸节温器盖	3	操作不当扣3分	
	11	确认节温器的安装方向	3	报告错误扣3分	
	12	节温器的性能试验	5	操作不当扣5分	
	13	检查冷却系统分水管	3	检查遗漏扣3分	
	14	检查节温器盖	3	检查遗漏扣3分	
	15	检查水管卡簧	3	检查遗漏扣3分	

续上表

考核时间	序号	考核项目	满分	评分标准	得分
40min	16	清洁节温器盖及座	5	清洁不彻底扣4分	
	17	安装节温器	3	操作不当扣3分	
	18	安装密封垫圈	3	操作不当扣3分	
	19	安装节温器盖	3	操作不当扣3分	
	20	加注冷却液	4	操作不当扣4分	
	21	冷却系统液位识别	3	报告错误扣3分	
	22	安装检漏仪	5	操作不当扣5分	
	23	冷却系统加压检漏	5	操作不当扣5分	
	24	安装发电机连接导线	4	操作不当扣4分	
	25	安装发电机	5	操作不当扣5分	
	26	安装并调整发电机传动带	4	操作不当扣4分	
	27	安装蓄电池负极桩柱接线	4	操作不当扣4分	
	28	冷却风扇运行检查	2	检查不到位扣3分	
	29	发动机运行后,冷却液面检查	2	检查不到位扣2分	
	30	使用测温仪检测节温器性能	5	操作不当扣5分	
	31	作业后整理工位	1	酌情扣分	
	32	遵守相关安全规范		因违规操作造成人身和设备事故的,总分按0分计	
		合计分数	100		

项目十　更换油底壳衬垫及机油泵

一、项目说明

油底壳衬垫用于保证油底壳和曲轴箱两结合面间的密封,防止机油泄漏。现代汽车多采用橡胶垫,有些车型用液态密封胶取代衬垫,起到相同的密封作用。

发动机由于长时间高温工作、油底壳固定螺栓力矩不均匀、使用劣质油底壳衬垫以及机件变形等因素,使油底壳衬垫出现老化、裂纹或折断,导致漏油现象发生。若继续使用,润滑油的消耗量增加,汽车的经济性下降。如果机油添加不及时还会引起润滑系统油压下降,甚至导致烧轴承抱轴等恶性机械事故。更换油底壳衬垫属于汽车维护中的常规作业项目之一。

二、技术标准与要求

（1）安装与 AJR 型发动机配套使用的油底壳衬垫；

（2）AJR 型发动机的机油添加量 3L；

（3）油管支架螺栓紧固力矩为 25N·m；

（4）前桥与车身、发动机支撑的固定螺栓的紧固力矩为 45N·m；

（5）油底壳螺栓的规定拧紧力矩为 20N·m。

三、实训时间:90min

四、实训教学目标

（1）了解更换发动机油底壳衬垫的重要性；

（2）掌握更换 AJR 型发动机油底壳衬垫的操作技能。

五、实训器材

柜油回收桶

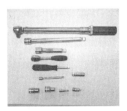

套筒工具及预紧力扳手

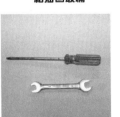

开口扳手和螺丝刀

刮刀

油封切割器

橡皮锤

六、教学组织

1. 教学组织形式

每辆车安排4名学生实训,两名学生一组,一组操作,一组观察学习。

2. 学生站位分工和要求

两名学生一组,按照1号、2号进行编号。1号为主,2号辅助。

3. 实训教师职责

讲解操作步骤和注意事项;下达"操作开始"口令;工位间巡视,检查、指导和纠正错误。

4. 学生职责变换

两名学生实行职责变换制度,即第一遍1号为主,2号辅助;第二遍2号为主,1号辅助。

七、操作步骤

第一步 事前准备

参见"事前准备"。

第二步 预热发动机

1 1号进入驾驶室,横向摆动变速器挡位控制手柄,确认变速器处于空挡位置。

> **提示**
> 发动机挂挡起动属于违规操作,危险性极大。因此,发动机起动之前,应将变速器控制手柄置于空挡(N挡)或驻车挡(P挡)位置。

2 1号打开点火开关,起动发动机并保持怠速运转3~5min。其间注意观察水温表指示数值的变化,当水温达到60~70℃时,关闭点火开关,停止发动机运转。

> **提示**
> 将发动机预热,提高发动机的温度,使机油黏度变小,有利于机油排放彻底,避免拆卸油底壳后,发动机内存留的机油长时间滴落,给车下作业人员带来不便。

第三步 举升车辆

2号操纵举升机,将车辆举升到目标高度后,可靠停驻。各站位确认车辆可靠停驻后,方可进入车下作业。

💡 提示

拆卸发动机下护板两侧支撑板上的螺栓时,需要梅花扳手和套筒扳手配合使用。

第四步 拆卸发动机下护板

1 2号将φ5mm接头、接杆、滑杆传递给1号。

4 1号使用12~13mm梅花扳手、φ13mm套筒和棘轮扳手拆卸下护板两侧支撑板的4条螺栓;2号用手托住下护板。

💡 提示

拆卸发动机下护板的过程中,要求注意以下几点:

(1)下护板较沉重,操作中要注意人员配合,特别是螺栓即将全部拆卸完毕时,防止出现溜滑而造成人身伤害。

2 1号使用φ5mm接头、接杆、滑杆拆卸下护板的前后端的4条螺栓。

💡 提示

发动机下护板较沉重,拆卸过程中一定要注意安全。要求一人拆卸固定螺栓,一人扶住下护板。

3 2号将12~13mm梅花扳手、φ13mm套筒和棘轮扳手传递给1号。

(2)车下作业时,应采取人身安全防护

措施,如佩戴防护帽、防护手套、防护服等。

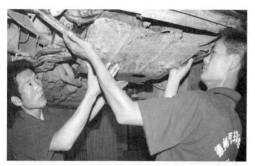

5 螺栓拆卸完毕,1号、2号配合将下护板抬放在零件车上。

第五步 排放发动机机油

1 2号将机油回收桶,置于发动机油底壳排油塞的正下方。

> **提示**
> 使用机油回收桶之前,注意观察桶内的存油量。防止接油时,因容量所限而使机油溢出。

2 2号将19号套筒、接杆、扭力扳手传递给1号。

3 1号使用19号套筒、接杆、扭力扳手拧松排油塞。

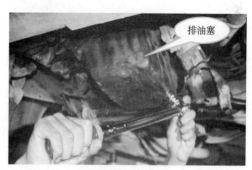

4 2号接收工具并摆放到零件车上。1号用手缓缓旋出排油塞,当感觉仅剩1~2个丝扣时,继续旋出的同时要稍用力向上推排油塞,确定螺纹已全部旋出后,迅速移开排油塞,使机油流入回收桶内。

> **提示**
> 旋出排油塞时,动作要缓慢,同时注意感觉排油塞剩余丝扣的多少。移开排油塞时,一定要快,否则,机油会流到手上或衣服上。

第六步　拆卸汽车前桥左右侧支撑

1 2号将φ17mm套筒、接杆、扭力扳手传递给1号。

2 1号使用φ16mm套筒、接杆、扭力扳手拆卸前桥右侧与发动机机爪连接的固定螺母。

> 提示
>
> (1)固定螺栓位于车身下方，经常受到泥水的侵蚀，容易产生锈蚀。因此，拆卸时会比较困难，必要时建议使用螺栓松动剂。
> (2)注意扭力扳手的使用方法和站姿，恰当的用力姿势会省力些。

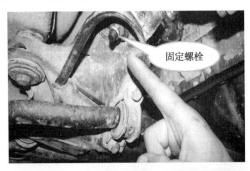

3 1号使用φ17mm套筒、接杆、扭力扳手拆卸前桥右侧与车身连接的固定螺栓。1号接收2号传递来的螺母并摆放到零件车上。

> 提示
>
> 拆卸注意事项和操作要领，请参阅第2步骤说明。

4 按照同样的方法和要求，1号、2号配合将前桥的左侧支撑螺栓松开并取下。具体操作请参阅以上2、3步骤，不再赘述。

5 2号将一字形螺丝刀传递给1号。

6 2号扶住并稍用力向下拉前桥。1号将螺丝刀插入前桥与发动机机爪连接处的缝隙中，向下用力，使前桥的连接端与机爪上的螺栓脱离。用同样方法脱离前桥另一端与发动机机爪螺栓的连接。

> 提示
>
> (1)两人配合脱离前桥与发动机机爪螺栓的连接时，注意不要剧烈晃动车辆，以免发生危险。

（2）前桥与车身、发动机机爪脱离后，油底壳下方的空间增大，便于拆装油底壳。

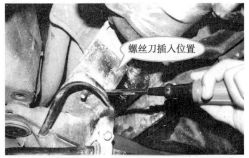

第七步　拆卸离合器防护板

1 2号将10~11mm梅花扳手传递给1号。

2 1号使用梅花扳手拧松连接离合器防护罩与离合器壳的固定螺栓并用手取下。

3 2号接收工具、螺栓并摆放到工具车、零件车上。

第八步　拆卸动力转向系统的油管支架

1 2号将φ8mm内六角扳手、接杆、扭

力扳手传递给1号。

2 1号使用工具拧松转向系统的油管扭力臂固定螺栓并用手取下传递给2号。

> 提示
>
> 油管扭力臂固定螺栓穿过油底垫上的螺栓孔安装于汽缸体上。只有拆卸该螺栓才能够取下油底垫。

第九步　拆卸油底壳

1 2号将φ10mm套筒、弯杆传递给1号。1号使用工具按照从两端到中间对称的要求分2~3遍将油底壳固定螺栓拧松并用手取下。

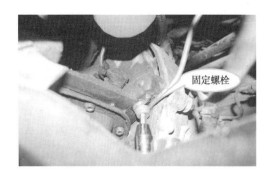

> 💡 提示
>
> 油底壳固定螺栓较多,拆装时要按照规定顺序分2~3遍将螺栓松开或拧紧,以防止油底壳在拆装过程中发生变形。

2 2号接收工具、螺栓并摆放到工具车、零件车上。

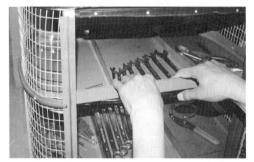

3 2号将油封切割器、铁锤传递给1号。

4 1号使用铁锤将油封切割器敲入汽缸体和油底壳间的缝隙中,侧向移动切割器,将油底壳部分松开。2号接收工具并摆放到工具车上。

> 💡 提示
>
> 使用油封切割器使油底壳与汽缸体分离,可避免两结合面的损伤。

5 2号将橡胶锤传递给1号。

6 1号使用橡胶锤敲击油底壳,使油底壳脱离汽缸体。2号接收工具并摆放到工具车上。

> 💡 提示
>
> 固定螺栓拆卸后,松动油底壳时,严禁使用铁锤敲击或用螺丝刀撬。否则,会造成油底壳接合面变形损伤。

7 1号用手取下油底壳并传递给2号。1号取下油底壳衬垫并传递给2号。2号将油底壳衬垫放于废件桶内。

项目十　更换油底壳衬垫及机油泵

● 提示

（1）取下油底壳时,尽量保持水平下落,不要倾斜,防止壳内的残留机油撒落到身上。

（2）取下油底壳时,要注意躲避滴落的机油。

（3）在发动机的下方,要放置一个接油盒,以免发动机内的机油滴落到地面上。

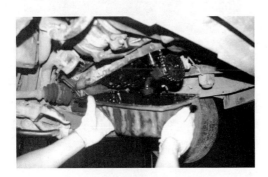

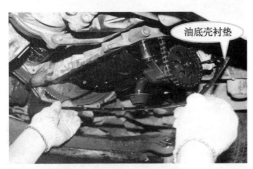

8 2号将油底壳摆放到零件车上。

● 提示

油底壳在零件车上的摆放如图所示。

第十步　清洁油底壳

1 1号将油底壳在汽油中进行清洗。清除油底壳内外部的油渍、尘土及其他附着物,最后用棉纱擦拭干净。

● 提示

（1）油底壳要保持内外部的清洁、无残留杂物。

（2）严禁用重物敲击油底壳,防止变形。

2 2号使用刮刀清理油底壳上平面粘附的胶质和残余衬垫。

● 提示

油底壳上平面要清理干净,特别是凹槽中的胶质。否则,将影响油底垫衬垫的密封效果。

第十一步　清理汽缸体下平面

1号使用刮刀清理汽缸体下端面上粘附的胶质和残余衬垫。保持下平面平整、光洁。

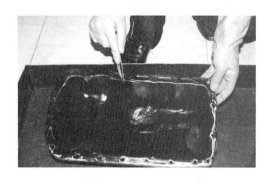

> 提示

(1)使用刮刀清理汽缸体下平面时,严禁在平面上留下明显的刀伤、划痕。

(2)严禁使用螺丝刀等类似器具清理汽缸体下平面,以免造成平面损伤。

第十二步　检查集滤器滤网

1号检查机油集滤器滤网是否脏污。是,拆下清理干净后再安装使用。

> 提示

机油集滤器上的滤网用于滤除机油中颗粒较大的杂质。它的表面黏附物较难清除,可采用煤油浸泡法或火烧法进行清除。

集滤器的滤网脏污,将导致润滑系统油压降低,发动机高速运转磨损加剧。

第十三步　安装油底壳衬垫

1 1号将密封衬垫安放到油底壳的接合面上。

> 提示

油底壳密封衬垫有方向性的要求,扭力臂螺栓孔应位于汽缸体下平面的右前方。

密封衬垫上的螺栓孔应能够与油底壳上的螺栓孔对齐。

2 1号将两条螺栓穿过油底壳和密封衬垫上的对称螺栓孔之后,举起油底壳。将螺栓用手旋入对应的汽缸体下平面上的螺纹孔中,使油底壳定位于汽缸体上。

> 提示

用两条螺栓对称穿过油底壳和密封衬垫的螺栓孔,主要的目的是将油底壳衬垫定位,同时便于将油底壳定位于汽缸体上,使油底壳的安装快速、省力、安全。

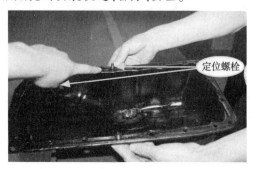

项目十　更换油底壳衬垫及机油泵

3 2号将螺栓传递给1号。1号用手将全部螺栓旋入几扣之后,使用弯杆、接杆、φ10mm套筒,将油底壳螺栓按照对角顺序分两遍拧紧到适当力矩。

> **提示**
>
> 使用摇把紧固油底壳螺栓时,力矩不要过大,以力矩均匀为度,因为螺栓还需要预紧扳手紧固。

4 2号将预紧力扳手传递给1号。1号使用预紧力扳手,按照对角顺序将螺栓力矩拧紧至20N·m。

> **提示**
>
> 油底壳固定螺栓对力矩的均匀度要求较高,因此,最好使用预紧力扭矩扳手对螺栓的力矩进行统一标定。
>
> 若螺栓拧紧力矩不均匀,容易导致机油泄漏。

第十四步　安装油管支架

2号将螺栓传递给1号。1号将螺栓用手旋入几扣。2号将φ8mm内六角接头、接杆、扭力扳手传递给1号。1号使用工具将螺栓力矩拧紧至25N·m。

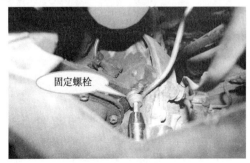

第十五步　安装离合器防护板

1 2号将防护板传递给1号。1号将防护板插入汽缸体与离合器壳的缝隙中,并对齐与离合器壳上的螺栓孔。

> **提示**
>
> 插入防护板时,要用手插入到位。否则,螺栓孔不能对齐。禁止使用器具将防护板敲击安装,以免防护板变形,给安装带来更大的难度。

2 2号将10~12mm开口扳手、φ10mm梅花扳手传递给1号。1号使用工具将螺栓拧紧至适当力矩。

> **提示**
>
> 如果螺栓滑转,可用两把扳手配合紧固。

第十六步 紧固排油螺栓

1 2号将排油塞传递给1号。1号目视检查密封垫圈是否良好。

> 提示
>
> 排油塞上的密封垫圈,为铜质,用于防止排油塞漏油。若有变形损伤,应更换新品。

2 1号用手将其旋入螺纹孔中。2号将φ18mm套筒、预紧力扳手传递给1号。1号使用工具将排油塞拧紧至30N·m。

> 提示
>
> 排油塞要按规定力矩拧紧。若力矩过大,会造成排油塞滑扣;若力矩过小,会造成排油塞漏油。

第十七步 安装前桥两侧支撑

1 2号托起前桥,1号使用一字形螺丝刀调整发动机机爪螺栓的位置,使螺栓与前桥上的螺栓孔对齐。

> 提示
>
> 发动机机爪为弹性结构,可通过其变形来调整下端螺栓的位置,使螺栓对齐前桥上的螺栓孔。

2 将螺栓穿入螺栓孔后,1号在螺母的螺纹上涂上适量机油,用手将其旋到螺栓上。

> 提示
>
> 在螺母的螺纹上涂上机油,旋入螺母时既省力,又有效防止螺栓锈蚀。

3 用类似的方法将前桥与车身相连的螺栓旋入螺纹孔。最后,1号使用预紧力扳手将前桥与车身、发动机机爪连接的螺栓

拧紧至45N·m。

> 提示
>
> 前桥与发动机机爪、车身相连接的螺栓力矩要符合规定要求。它关系到生命安全和车辆财产安全。

第十八步 安装发动机下护板

1号、2号共同配合安装发动机下护板。

> 提示
>
> 安装发动机下护板的过程中,要求注意以下几点:
> (1)下护板较沉重,操作中要注意人员配合,特别是举起护板时,防止出现溜滑而造成人身伤害。
> (2)车下作业时,应采取人身安全防护措施,如佩戴防护帽、防护手套、防护服等。

第十九步 降落车辆

2号操纵举升机,将车辆平稳降落到地面上。

> 提示
>
> 举升机的操作方法,请参阅前文说明,不再赘述。

第二十步 加注机油

1 2号将机油桶传递给1号。1号旋下机油桶盖,然后一手握住桶上的手柄,一手托住桶的底部,对正发动机的加油口,稍稍倾斜机油桶,缓缓将机油倒入发动机内。

> 提示
>
> 加注机油时,动作要舒缓,油流不要过急,防止油液撒到发动机的外面。

2 当加注量接近机油桶容量(4L)

的3/4时,停止加注。2~3min后,1号拔出机油标尺,擦净刻度尺处的油液,将其插入机油标尺套管内,按压机油标尺确认到位后,再次拔出,观察油底壳中油面的高度,应位于上下刻度线中间偏上的位置。若油量不足,进行添加,不允许液面高于上刻度线。

> **提示**
>
> 发动机的机油加注量应符合规定要求,过多或过少都会对发动机的使用性能造成不良影响。若油量过少,系统油压下降,机件磨损加剧,严重的会引起烧轴抱瓦等机械事故;若油量过多,导致机油激溅,发动机运转阻力增大,机械效率降低。

第二十一步 运转发动机

2号打开点火开关,起动发动机并保持怠速运转3~5min,然后关闭点火开关,停止发动机运转。

> **提示**
>
> 运转发动机的主要目的是检查机油是否泄漏和机油的加注量是否适当。

第二十二步 最终检查

1 2号操纵举升机将车辆举升到适当的高度。1号检查排油螺栓、油底壳衬垫、机油滤清器等部位是否有机油泄漏。有,则排除泄漏

> **提示**
>
> 机油泄漏的检查,非常重要,它往往可以避免一些因疏于检查而导致的相关机械事故发生。

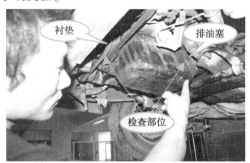

2 2号操纵举升机将车辆降落到地面上。1号拔出机油标尺检查发动机机油存量是否适当。如果油面显示于标尺的上下极限刻度线的中间偏上位置,为正常;偏下,则添加适量机油;高于上刻度线,应放出适量机油。

> **提示**
>
> 发动机内机油量不适当的危害,前文已作说明,不再赘述。

第二十三步 整理工位

参见"整理工位"。

八、考核标准

考核标准表

考核时间	序号	考核项目	满分	评分标准	得分
40min	1	作业前清理工位	2	酌情扣分	
	2	打开并支撑机舱盖	3	操作不当扣3分	
	3	车辆工位停驻	3	停驻不到位扣3分	
	4	安装保护罩	4	酌情扣分	
	5	发动机预热	3	操作错误扣3分	
	6	举升和降落车辆	5	操作不当扣5分	
	7	拆卸发动机下护板	4	操作不当扣4分	
	8	排放机油	3	操作不当扣3分	
	9	拆卸前桥两侧支撑	7	操作不当扣7分	
	10	拆卸离合器防护板	2	操作不当扣2分	
	11	拆卸油管支架	2	操作不当扣2分	
	12	拆卸油底壳	7	操作不当扣7分	
	13	清洁油底壳	5	清洁不彻底酌情扣分	
	14	清理汽缸体下平面	4	清洁不彻底酌情扣分	
	15	检查集滤器	2	检查遗漏扣2分	
	16	安装油底壳衬垫	3	操作不当扣3分	
	17	安装油底壳	8	操作不当扣8分	
	18	安装油管支架	3	操作不当扣3分	
	19	安装离合器防护板	2	操作不当扣2分	
	20	紧固排油螺栓	5	操作不当扣5分	
	21	安装前桥两侧支撑	8	操作不当扣8分	
	22	安装发动机下护板	3	操作不当扣3分	
	23	加注机油并检查油面高度	4	操作不当扣4分	
	24	整理工位卫生	2	操作不当扣2分	
	25	遵守相关安全规范		因违规操作造成人身和设备事故的,总分按0分计	
		分数合计	100分		

项目十一　检查、清洗或更换喷油器

一、项目说明

1. 概述

喷油器是电控发动机燃油喷射系统中的执行器,它接受来自发动机控制模块的信号,精确地喷射燃油。电控喷油器是一种加工精度非常高的精密部件,要求其动态流量范围大、雾化性能好、抗堵塞、抗污染能力强。

喷油器在使用的过程中,由于汽油含有的杂质、胶质等物质,会使喷油器堵塞、发卡、滴油,这直接影响到其喷射燃油的雾化质量和喷油数量,使发动机产生起动困难、怠速不稳或加速不良、动力性差等现象,给发动机的正常工作带来严重的影响。因此,应使用符合规定标号的燃油,同时要定期清洗喷油器,恢复其使用性能。清洗喷油器成为汽车维护项目中不可缺少的作业项目。

2. 喷油器的结构与类型

喷油器由壳体、针阀、复位弹簧、喷嘴等组成。喷嘴的形式有单孔、双孔、多孔之分。AJR型发动机的燃油喷射系统采用4孔喷油器。

喷油器根据其结构的不同,可分为轴针式喷油器、片阀式喷油器、球阀式喷油器三种。

3. 喷油器的控制原理

喷油器的供电来自燃油泵继电器,当ECU接通喷油器电路后,喷油器开启喷油。喷油量取决于ECU控制的喷油器开启时间的长短。

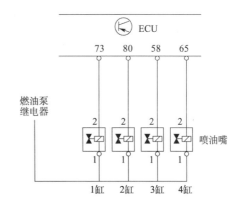

二、技术标准与要求

（1）AJR型发动机燃油喷射系统喷油顺序为1-3-4-2;

（2）AJR型发动机燃油喷射系统油压280～320kPa;

（3）AJR型发动机燃油喷射系统熄火后保持油压150kPa;

（4）AJR型发动机喷油器30s的喷油速率规定值为70～80mL;

（5）每个喷油器在1min内允许滴油1～

2滴;

(6)喷油器线圈电阻值13~18Ω;

(7)喷油器工作电压12V。

三、实训时间:45min

四、实训教学目标

(1)了解清洗喷油器的重要性;
(2)熟悉喷油器的结构和类型;
(3)掌握清洗喷油器的操作技能。

五、实训器材

桑塔纳2000GSi型轿车

喷油器清洗机

φ14mm、φ17mm开口扳手

φ5mm内六角扳手

鲤鱼钳

油盆、毛刷

六、教学组织

1.教学组织形式

每辆车安排4名学生参与实训。两名学生一组,一组操作,一组观察学习。

2.学生站位分工和要求

两名学生一组,按照1号、2号进行编号,1号为主,2号辅助。

3.实训教师职责

讲解操作步骤和注意事项;下达"操作开始"口令;工位间巡视、检查、指导和纠正错误。

4.学生职责变换

2名学生实行职责变换制度,即第一遍1号为主,2号辅助;第二遍2号为主,1号辅助。

七、操作步骤

第一步 事前准备

参见"事前准备"。

第二步 燃油系统卸压

1 1号打开驾驶室左前门,用手拆下位于仪表台左下方的盖板。

> 提示
> 盖板通过橡胶卡卡在仪表台下方的装饰板上,拆卸后便于检查安装在中央集电盒上的熔断丝和继电器,或进行线路检测。拆

卸盖板时,先稍用力取下右端,然后脱开左端的橡胶卡。拆卸时不要用力过大,否则,容易使橡胶卡折断。

2 1号在中央集电盒上取下左起第5号熔断丝,该熔断丝控制电动汽油泵电路。

💡 提示

第5号熔断丝的安装位置比较隐蔽,因此,拔出熔断丝时要垂直用力,严禁左右摆晃,以免导致插孔松旷和保险片损坏。

3 1号确认驻车制动器已拉紧,变速器位于空挡后,打开点火开关并起动发动机。待发动机自动熄火后,关闭点火开关。

💡 提示

由于电动汽油泵的熔断丝已被拆除,汽油泵不再工作。此时运转发动机燃烧的是起动之前储存于管路中的定量燃料,随着燃料减少,油压下降,发动机转速回落,直至熄火。该项操作的主要目的是释放燃料供给系统中的燃油压力。

第三步 拆卸发动机装饰罩

1 2号将φ5mm内六方接头、接杆、快速扳手传递给1号。

2 1号使用工具将发动机装饰罩的4条固定螺栓拧松,用手取下固定螺栓,最后取下发动机装饰罩。

💡 提示

拆卸内六角螺栓时,要使用专用工具。禁止使用螺丝刀等工具铣砸螺栓,以免造成螺栓损伤。

3 2号接收1号传递来的工具、螺栓、发动机装饰罩并摆放到工具车、零件车的规

定位置。

> 提示
>
> 发动机装饰罩为橡胶材料制成，拆卸或放置时，严禁弯折和重压。

第四步　清洁发动机上部

1号使用吹气枪将发动机上部的尘埃等杂物清理干净。

> 提示
>
> 清理发动机的上部，不仅是规范操作的基本要求，更重要的是防止在拆卸喷油器后杂物掉入汽缸内，使汽缸中的相关零件加剧磨损和损伤。

第五步　断开喷油器连接器

1号拔下各缸喷油器电插头。

> 提示
>
> 拔下电插头时，拇指和食指按压卡片，同时用力向上拔即可。禁止使用螺丝刀等类似器具撬，以免损坏电插头。

第六步　断开油压调节器真空管

1号用手拔下油压调节器上的真空管。

> 提示
>
> （1）如果真空管用手取下困难，可将棉纱缠绕在与金属管接触的真空管部位，使用鲤鱼钳夹紧缠绕棉纱的真空管，上下转动橡胶管，待真空管松动后，再用手拉出真空管。
>
> （2）严禁用手直接拉拔真空管与金属管没有接触部位来拔取真空管。否则，真空管容易损坏。

第七步　断开进、回油管

1 2号将14～15mm、16～17mm开口扳手传递给1号。

2 1号使用扳手的14min开口端和17mm开口端分别卡住进油管接头处的两个锁紧螺母,反向用力将油路连接螺母松开。

💡 提示

松开喷油器的进油管锁紧螺母时,要在管接头的下面放置一块棉纱,用于吸收断开油管时流出的燃油。

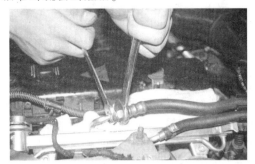

3 2号接收工具并摆放到工具车上。

4 2号将鲤鱼钳传递给1号。

5 1号使用鲤鱼钳将回油管上的卡箍松开并拉离两管接触部位。

💡 提示

拆装回油管上的卡箍时,将鲤鱼钳的开口调至最大,夹牢卡簧的卡口,握紧手柄,卡簧张开,当大于油管的外径时,向后拉动卡簧,离开油管接触部位,之后,松开鲤鱼钳,使卡簧仍保留在油管上。

6 1号用手握住橡胶油管与金属管接触部位,左右拧转橡胶油管,同时施加向后拉力,便可取下橡胶油管。

💡 提示

(1)如果橡胶油管用手拆卸十分困难,可将棉纱缠绕在与金属油管接触的橡胶油管部位,使用鲤鱼钳夹紧缠绕棉纱的橡胶油管,上下转动橡胶油管,待橡胶油管松动后,再用手拉出橡胶油管。

(2)严禁用手拉拔橡胶油管与金属管没有接触部位来取下橡胶油管。否则,橡胶油管容易损坏。

第八步 拆卸喷油器

1 1号将φ5mm接头、接杆、棘轮扳手传递给2号。2号使用工具拧松燃油导轨支架上的两个固定螺栓,然后用手取下。2

号接收工具、螺栓、支架并摆放到工具车和零件车上。

2 1号用手转动各个汽缸的喷油器。

> **提示**
>
> 拆卸喷油器之前转动喷油器,主要目的是使喷油器在承孔内变得松动些,便于拆卸。

3 1号将进油管和回油管从燃油导轨上的固定卡中取出后,双手托于燃油导轨的两端,用力将燃油导轨水平端起。燃油导轨和喷油器一并取下并传递给2号。

> **提示**
>
> 在取出燃油导轨和喷油器时,要保持燃油导轨水平抬起,有利于各缸喷油器受力均匀,便于取出。如果喷油器取出困难,可由其他同学协助转动喷油器。

4 喷油器取出后,1号用干净棉纱堵住喷油器座孔;用堵头堵塞进油管和回油管口。

> **提示**
>
> 将油管口、喷油器座孔堵塞或覆盖,目

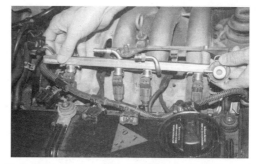

的是防止沙尘、杂物等进入油管和掉入汽缸,加剧机件的磨损或造成意外损伤。

5 2号将一字螺丝刀传递给1号。

6 1号使用螺丝刀撬出喷油器安装卡簧,然后将喷油器从燃油导轨上依次取下并传递给2号。2号将其摆放到零件车上。

> **提示**
>
> 卡簧用于将喷油器定位于燃油导轨上,拆卸时用一字螺丝刀撬出即可取下。

第九步　清洗喷油器

1 2号将喷油器传递给1号。1号在喷油器的密封垫圈上涂抹一薄层发动机机油后,将喷油器安装到清洗机的燃油导

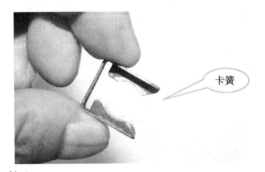

轨上。

起来。

> 提示
>
> 喷油器的连接器安装时,要保证电插头和插孔装配到位。否则,会影响喷油器的正常工作。
>
> 插入电插头时,要用手捏紧电插头前端有防滑纹的位置,禁止捏住导线按压电插头来安装连接器,以免损坏电插头。

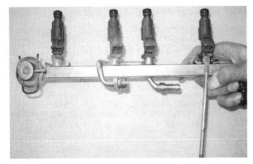

> 提示
>
> 在喷油器的密封圈上涂机油,既便于安装喷油器,又可加强喷油器与其座孔间的密封。

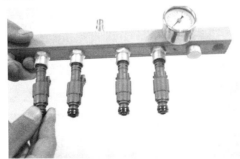

4 1号将进油管与燃油导轨连接起来。

> 提示
>
> 清洗机上的进油管接头为快速接头。连接时,将快速接头上的拉环上推至限位位置,此时将进油管接头插入燃油导轨上的进油接口,松开拉环,拉环自动复位后即可。

2 1号将喷油器全部安装到燃油导轨上之后,旋紧燃油导轨的压紧螺母,将燃油导轨和喷油器固定在清洗机上。

5 1号打开位于清洗机侧面的主电源开关,开关上的指示灯点亮。

> 提示
>
> 旋紧燃油导轨的压紧螺栓时,力矩要均匀且适当,保持各喷油器获得相同的压紧力,同时又能够用手转动喷油器为标准。

> 提示
>
> 清洗机使用220V的电源,开闭电源时,要保证手干净、干燥,严禁用脏污、潮湿的手开闭电源,以免发生触电危险。

3 1号将喷油器的电插头与插孔连接

项目十一　检查、清洗或更换喷油器

6 2号打开电源开关后,清洗机内的油泵开始运转,建立系统油压。2号观察油压表显示的数值是否适当。否,旋转油压调节旋钮调整到规定值。

💡 提示

（1）如果油压过低,旋转调节旋钮无效,可从清洗机的侧面液位指示器上观察清洗液的数量是否充足。另外,检查有无泄漏。

（2）AJR型发动机燃油系统怠速油压为:250kPa±20kPa(有真空调节);300kPa±20kPa(无真空调节)。

7 1号选择菜单功能
01 超声波清洗　　02 怠速测试
03 中速测试　　　04 高速测试
05 加速测试　　　06 变速测试
07 检漏测试　　　08 怠速喷油量测试
09 中速喷油量测试　10 高速喷油量测试
11 反向冲洗　　　12 免拆清洗

8 1号转动油压调整按钮,将油压调整到规定压力250kPa。

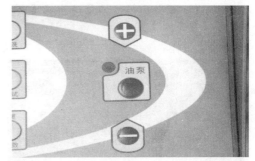

9 1号选择清洗方式,然后设置工作时间为30s,最后按绿色键启动清洗。

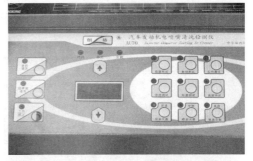

10 1号观察喷油器喷射的燃油的雾化质量。

💡 提示

喷油器喷射的燃油应呈现雾状,并且有一定的锥角,雾化细微均匀,无明显的飞溅油滴和油流。视情更换燃油雾化质量差的喷油器。

11 1号观察30s内喷油器的喷油量。

💡 提示

AJR型发动机的燃油喷射系统规定：30s喷油器的喷油速率为70~80mL，偏差应小于10mL。视情更换喷油量超出标准要求的喷油器。

12 1号打开卸油开关，使检测量杯中的清洗液流回储液箱。

第十步 安装喷油器及燃油导轨

1 1号从清洗机上拆下喷油器，然后在喷油器的密封垫圈上涂抹一薄层机油。

💡 提示

在喷油器的密封垫圈上涂抹机油，既便于进行安装，又有加强喷油器与其承孔间密封的作用。

2 1号将喷油器旋入燃油导轨上的承孔内，并将卡簧片插入喷油器承孔的槽孔内，保证喷油器可靠定位。

💡 提示

喷油器定位卡簧安装时，要注意调整喷油器在承孔内的位置，当喷油器上的凹槽与承孔上的槽孔对齐后，方可插入卡簧，这样才能保证喷油器的可靠定位。

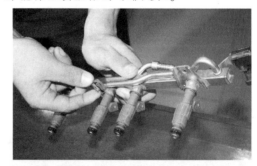

3 1号将喷油器及燃油导轨安装到发动机上。

💡 提示

（1）在安装燃油导轨和喷油器时，要保持燃油导轨水平下落，使各个喷油器对准其承孔。如果喷油器安装困难，可由其他同学协助转动喷油器。

(2)安装喷油器时,严禁将异物掉入汽缸内。

4 1号确认各缸喷油器安装到位。2号将燃油导轨的固定螺母传递给1号。1号用手旋上螺栓后,使用1号传递来的ϕ5mm接头、接杆、棘轮扳手将螺栓力矩拧紧。

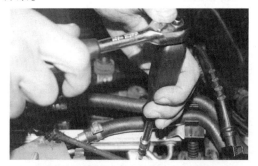

这样便可以将两个螺母紧固了。

第十一步 安装进、回油管

1 1号拔除油管接头上的堵头,将两进油管口对齐,用手旋上螺母。

> **提示**
> 进油管接口的螺母要对齐螺纹后,再用手旋紧,禁止使用工具直接紧固。避免螺纹偏斜,而损伤螺母、漏油。

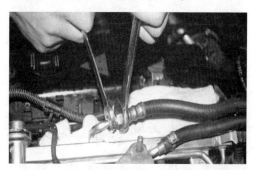

4 1号将橡胶油管对齐燃油导轨上的回油管,转动橡胶油管并施加推力,即可将油管安装到位。

> **提示**
> 安装回油管时,要将橡胶油管安装到燃油导轨上回油管的突起位置,方为安装到位。

2 2号将14~15mm和16~17mm开口扳手传递给1号。

3 1号使用工具反向用力将螺母紧固。

> **提示**
> 使用扳手紧固螺母时,可用一个扳手固定一螺母不动,另一个扳手转动另一螺母。

5 2号将鲤鱼钳传递给1号。1号使用鲤鱼钳将卡箍滑移到橡胶油管和金属油管接触部位的中间偏前位置。

> **提示**
> 卡箍最好安放在油管原箍紧位置,密封效果要好些。

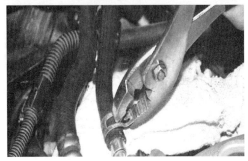

第十二步　安装喷油器连接器

1号用拇指和食指捏紧喷油器电插头，插入相应的喷油器插孔中。

提示

电插头由于各缸线束长短所限，顺序不会错乱，但注意电插头要插接到位。否则将影响喷油器的正常工作。

第十三步　安装油压调节器真空管

1号将真空软管插入油压调节器上的管接头上。

提示

注意真空软管的插入方法，与前面所述的橡胶管相同，请参阅前文说明，在此不再赘述。

第十四步　安装发动机装饰罩

2号将φ5mm接头、接杆、棘轮扳手传递给1号。1号使用工具将发动机装饰罩上的4条螺栓拧紧。

第十五步　安装汽油泵熔断丝

1号将熔断丝插入中央集电盒上左起第5号插孔内，安装装饰盖。

提示

第5号熔断丝的安装位置比较隐蔽，因此，安装时要垂直用力，严禁左右摆晃，以免导致插孔松旷和熔断丝损坏。

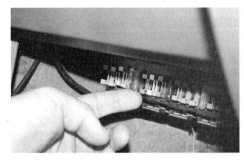

第十六步　发动机运行检验

2号起动发动机，保持怠速运转3～5min。1号观察发动机运转稳定性。2号变换发动机转速，检验发动机的响应性能和怠速复位性能。1号检查有无燃油泄漏现象。若有异常，进行检修。若均正常，清洗喷油器的作业完毕。

项目十一　检查、清洗或更换喷油器

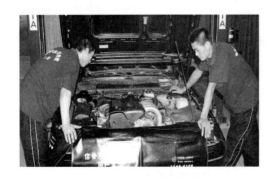

第十七步　整理工位

参见"整理工位"。

八、考核标准

考核标准表

考核时间	序号	考核项目	满分	评分标准	得分
40min	1	作业前整理工位	2	酌情扣分	
	2	打开并支撑机舱盖	2	操作不当扣2分	
	3	安装汽车保护罩	3	操作不当扣3分	
	4	查找并拆下电动汽油泵保险片	3	查找错误扣3分	
	5	燃油系统卸压	3	操作不当扣3分	
	6	拆卸发动机装饰罩	2	操作不当扣2分	
	7	清洁发动机上部	3	操作遗漏扣3分	
	8	断开喷油器连接器	2	操作不当扣2分	
	9	断开油压调节器真空管	2	操作不当扣2分	
	10	断开燃油导轨进、回油管	4	操作不当扣4分	
	11	拆下燃油导轨和喷油器	7	操作不当扣7分	
	12	喷油器承孔及油管防尘保护	6	操作遗漏扣6分	
	13	从燃油导轨上拆下喷油器	3	操作不当扣3分	
	14	将喷油器安装到清洗机上	5	操作不当扣5分	
	15	清洗机上连接喷油器导线	3	操作不当扣3分	
	16	连接清洗机上的进油管	2	操作不当扣2分	
	17	调节清洗机的供油压力	3	操作不当扣3分	
	18	选择清洗方式和时间	4	选择不当扣4分	
	19	检查喷油器喷油雾化质量	3	检查遗漏扣3分	
	20	喷油器喷油量的检查及标准	5	检查遗漏扣5分	
	21	释放量杯中的清洗液	2	操作不当扣2分	

续上表

考核时间	序号	考核项目	满分	评分标准	得分
40min	22	将喷油器安装到燃油导轨上	5	操作不当扣5分	
	23	将喷油器和燃油导轨安装到汽缸盖上	7	操作不当扣5分	
	24	连接喷油器电插头	3	操作不当扣3分	
	25	安装进、回油管	4	操作不当扣4分	
	26	安装熔断丝	3	操作不当扣3分	
	27	安装油压调节器真空管	2	操作不当扣2分	
	28	安装发动机装饰罩	2	操作不当扣2分	
	29	发动机运转检查	3	操作不当扣3分	
	30	作业后整理工位	2	操作不当扣2分	
	31	遵守相关安全规范		因违规操作造成人身和设备事故的,总分按0分计	
		分数合计	100分		

项目十二　怠速转速、点火正时检查与调整

一、项目说明

1. 概述

点火正时的功用是将爆震控制在即将发生而还未发生的时刻。通常用点火提前角来表示。不同车型的点火提前角亦有所不同，AJR型发动机点火系统的点火提前角为12°±4.5°。适当的点火提前角，对提高发动机的动力性、经济性和排放性能指标有着直接的影响。

同一台发动机在不同工况和不同使用条件下点火提前角也不相同。相关因素有：发动机的转速、发动机的负荷、燃油辛烷值及其他因素。如果点火提前角过小，会使汽缸中的压力降低，发动机功率下降，发动机过热，油耗增加；如果点火提前角过大，不仅使发动机功率下降，油耗增加，还会引起爆震。因此，应定期检查发动机的点火正时，同时合理使用车辆以及加强车辆的维护。

所谓发动机怠速，通常是指发动机在无负荷（对外无功率输出）情况下稳定运转状态。不同车型发动机怠速转速不同。AJR型发动机怠速转速是800r/min±30r/min。

如果发动机怠速转速过高，会增加燃油消耗量；怠速转速过低，又会增加有害气体的排放。所以，定期检查发动机怠速转速可以提高发动机的经济性和降低有害气体的排放指标。

2. AJR型发动机点火系统简介

点火系统采用无分电盘双火花直接点火系统。点火线圈发生故障，发动机立即熄火或不能起动。ECU不能检测到该故障信息。如果某个火花塞由于开路使这个点火回路断开，那么和它共用一个点火线圈的火花塞也因电气线路故障而不能跳火。如果某个火花塞由于短路而不能跳火，但电气回路没有断开，那么和它共用一个点火线圈的火花塞仍然能够跳火。

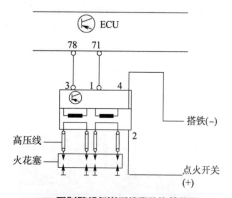

AJR型发动机点火系统电路连接情况

二、技术标准与要求

（1）AJR型发动机点火提前角12°±

4.5°,不能调整,由发动机控制单元决定。

(2) AJR 型发动机怠速转速为 800r/min ± 30r/min,不能调整,由发动机控制单元决定。

(3) 正确连接和使用 V.A.G1552 专用检测仪、点火正时灯。

(4) 怠速测试时,蓄电池电压大于 11.5V;冷却液温度大于 80℃;冷却风扇停转;空调关闭;其他用电设备关闭;节气门拉索调节正常;发动机怠速工况。

(5) AJR 型发动机点火系统形式为具有两个点火线圈的双火花点火系统;点火次序为 1-3-4-2。

三、实训时间:30min

四、实训教学目标

(1) 了解检查发动机点火正时和怠速的重要性;

(2) 熟悉 V.A.G1552 专用检测仪的使用方法;

(3) 掌握检查发动机点火正时和怠速的操作技能。

桑塔纳 2000GSi 型轿车

五、实训器材

V.A.G1552 专用检测仪　　　点火正时灯

六、教学组织

1. 教学组织形式

每辆车安排 4 名学生参与实训,两名学生一组,一组操作,一组观察学习。

2. 学生站位分工和要求

两名学生一组,按照 1 号、2 号进行编号,1 号为主,2 号辅助。

3. 实训教师职责

讲解操作步骤和注意事项;下达"操作开始"口令;工位间巡视、检查、指导和纠正错误。

4. 学生职责变换

2 名学生实行职责变换制度,即第一遍 1 号为主,2 号辅助;第二遍 2 号为主,1 号辅助。

七、操作步骤

第一步　事前准备

参见"事前准备"。

第二步　预热发动机

1 1号进入驾驶室,横向摆动变速器挡位控制手柄,确认变速器处于空挡位置。

> 💡 提示
>
> 发动机带挡起动属于违规操作,危险性极大。因此,发动机起动之前,应将变速器控制手柄置于空挡(N挡)或驻车挡(P挡)位置。

2 1号打开点火开关,起动发动机并保持怠速运转。其间注意观察水温表指示数值的变化,当水温达到80℃时,准备进行怠速测试。

> 💡 提示
>
> 将发动机预热,提高发动机温度,使发动机由暖机工况进入正常怠速工况,为发动机的怠速检查准备条件。

第三步　关闭相关电器设备

1 1号检查空调是否关闭。否,关闭空调开关。

> 💡 提示
>
> 进行点火正时检查时,应关闭车上所有附属用电设备。否则,将影响发动机正常的怠速转速,使检测到的点火正时失准。

2 1号检查收音机、CD机是否关闭。否,关闭相应开关。

> 💡 提示
>
> 进行点火正时检查时,应关闭车上所有附属用电设备。否则,将影响发动机正常的怠速转速,使检测到的点火正时失准。

3 1号检查暖风是否关闭。否,关闭暖风开关。

> 💡 提示
>
> 进行点火正时检查时,应关闭车上所有附属用电设备。否则,将影响发动机正常的怠速转速,使检测到的点火正时失准。

4 1号观察转速表,确认发动机是否处于怠速工况。若处于暖机工况,保持发动机运转状态。

💡 提示

AJR 型发动机怠速转速是 800r/min ± 30r/min。暖机工况为高怠速工况,不能进行点火正时检测。

5 1号检查灯光开关是否关闭。否,关闭灯光开关。

💡 提示

进行点火正时检查时,应关闭车上所有附属用电设备。否则,将影响发动机正常的怠速转速,使检测到的点火正时失准。

6 1号检查加速踏板拉线的松紧度是否正常。否,调整到合适位置。

💡 提示

如果加速踏板拉线过紧,发动机转速会高于正常的怠速转速,点火提前角失准。

7 1号检查冷却风扇是否停转。否,检修,保持停转状态。

💡 提示

冷却风扇运转时会消耗一部分电能,使点火系统电压略有下降,导致发动机怠速转速产生波动,点火提前角也会随之变化。

第四步 连接检测仪

1 1号用手打开变速器换挡手柄下方的防护罩。

💡 提示

防护罩通过弹性卡安装在盖板上,取下时,用手向里推挤防护罩即可。

2 1号确认传输线的圆头一端的插针

项目十二　怠速转速、点火正时检查与调整

和安装凸起标记。

> 💡 提示
>
> 传输线与检测仪连接时,插头和插孔之间有严格相对位置规定。传输线圆头内孔中的凸起即是安装位置标记。

3 1号确认检测仪插座上的连接标记。

> 💡 提示
>
> 插座上的缺口即是与传输线圆头端上的凸起标记相配合的标记。

4 2号将检测仪上的插座与传输线上的插孔所对应的连接标记对齐后,将插孔安插到插座上,然后将传输线上的防松帽转动并推到插座的外罩上。这样把传输线与检测仪连接起来。

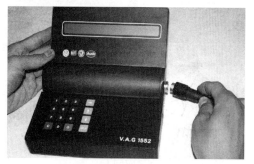

5 1号查找传输线扁平端插头上的弹簧卡片所在位置。

> 💡 提示
>
> 带有弹簧卡片的插头一侧,可作为插头在诊断座上前后安装标记。

6 1号将传输线的扁平插头按照弹簧卡朝后的方向,插入诊断座孔。连接传输线和发动机电控单元的诊断座。

> 💡 提示
>
> 传输线的插头要安装到位且可靠。否则,将影响数据传递。

137

扁平插头

第五步　发动机怠速检查

怠速不当的原因分析：

(1) 怠速过低。

①节气门组件与发动机 ECU 匹配不当；②发动机负荷过大；③节气门组件故障。

(2) 怠速过高。

①进气系统漏气；②节气门组件与发动机 ECU 匹配不当；③节气门组件故障；④活性炭罐电磁阀常开。

怠速检测条件：

①冷却液温度大于 80℃；②测试时冷却风扇不能转；③空调关闭；④其他用电设备关闭；⑤节气门拉线调节正常；⑥发动机怠速。

(1) V.A.G1552 进入 08 功能"读测量数据块"显示组 03。屏幕显示：

```
Read measuring value block 3 →
800r/min  13.650V  92.0℃  43.2℃
读测量数据块 3 →
800r/min  13.650V  92.0℃  43.2℃
```

提示

其中，区域 3 冷却液温度应大于 80℃，区域 1 发动机怠速标准值应在 800r/min ± 30r/min。

(2) 如果怠速不在标准范围内，按 C 键，输入 20，按 Q 键确认。屏幕显示：

```
Read measuring value block 20 →
800r/min  0  000A/C-Low  Kompr.AUS
读测量数据块 20 →
800r/min  0  000A/C-Low  Kompr.AUS
```

提示

区域 3 空调 A/C 开关应关闭，区域 4 压缩机应关闭。如果 A/C 开关是打开的，而压缩机在工作，应把 A/C 开关关闭，鼓风机关闭，让压缩机不工作。

(3) 如果怠速转速仍然超出范围，按 C 键，输入 04，按 Q 键确认。屏幕显示：

```
Read measuring value block 4 →
3∠°  0.23g/s  0.00g/s  Leerlauf
读测量数据块 4 →
3∠°  0.23g/s  0.00g/s  怠速
```

区域 4，应当是"Leerlauf"怠速，如果没有显示怠速，应检查怠速开关是否触脏或线路开路。检查区域 1，标准值为 0~5∠°。如果没有达到标准值，应检查节气门控制部件与发动机控制单元的匹配。

(4) 按↑键。屏幕显示：

```
Read measuring value block 5 →
800r/min  810r/min  1.7%  2.9g/s
读测量数据块 5 →
800r/min  810r/min  1.7%  2.9g/s
```

提示

区域 1，怠速转速标准值应在 800r/min ± 30r/min。

(5) 如果全部显示区域都在标准范围内，按→键。屏幕显示：

```
Test of vehicle systems       HELP
Select function XX
车辆系统测试               帮助
选择功能 XX
```

(6) 输入 06"结束输出"功能，按 Q 键确认。

第六步 使用 V.A.G1552 检查发动机点火正时

（1）V.A.G1552 进入 08 功能"读测量数据块"显示组 01。屏幕显示：

```
Read measuring value block 1 →
800r/min   2.20ms   3∠°
读测量数据块 1 →
800r/min   2.20ms   3∠°   10.5°   V.OT
```

提示

其中，区域 1 发动机怠速值 800r/min，区域 4 点火提前角 12°±4.5°。

（2）输入 06"结束输出"功能，按 Q 键确认。

第七步 取下检测仪

1 1号关闭点火开关，停止发动机运转并将检测仪传输导线的两连接端，用手取下。

提示

取下传输导线两连接端插头时，要用手捏紧插头处并向上用力拔出插头。严禁采用直接拉拔导线或摆晃插头的方法，取下插头。

2 1号将检测仪传递给 2号，2号将其放置于包装盒内。

提示

传递、接收和使用检测仪的要求，请参阅前文说明，不再赘述。

检测仪要妥善保管，防振动、防重压。

3 1号将传输导线传递给 2号。

提示

传输导线严禁剧烈弯折或作他用，应注意保管和使用。

4 1号将变速器手柄下方的防护罩安装到位。

提示

防护罩用于保护电控系统诊断座，既可防止尘埃、潮湿空气等污染侵蚀诊断座，又避免杂物损伤诊断座。因此，防护罩出现破损，要换新品，并且保证安装到位。

第八步 使用正时灯检查发动机点火正时

1 2号打开并可靠支撑发动机机舱盖。

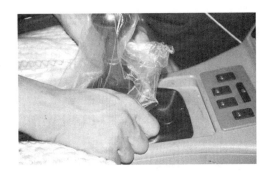

> **提示**
>
> 打开、支撑发动机机舱盖的操作要领和注意事项,请参阅前文说明,在此不再赘述。

2 2号将点火正时灯传递给1号。

> **提示**
>
> 点火正时灯是一种精密且贵重仪器,在传递、接收和使用过程中,要小心谨慎,交接可靠,轻拿轻放,以免造成损伤而导致重大经济损失。

3 1号将点火正时灯的红、黑电源导线分别通过鳄鱼夹与蓄电池的正、负导线接头连接起来。

> **提示**
>
> (1)点火正时灯的导线要与蓄电池的正、负导线正确连接,一旦接反将会损坏点火正时灯。
>
> (2)点火正时灯导线上的鳄鱼夹要与蓄电池的正、负导线接头可靠接触,电路虚接将导致点火正时灯工作不正常。必要时清洁鳄鱼夹和蓄电池导线接头。

4 1号将缸线感应钳夹在1缸分缸线上。

> **提示**
>
> 夹持分缸线时,先用拇指向后拉动锁线按钮使钳口张开,将分缸线置于钳口中,然后向前推动锁线按钮,感应钳便夹紧分缸线。

5 2号打开点火开关,起动发动机并保持正常怠速运转。

> **提示**
>
> 发动机在正常怠速工况下,方可进行点火正时检查。

项目十二　怠速转速、点火正时检查与调整

6 1号调整点火正时灯的功能按钮，选择检测点火提前角功能，然后按下灯光按钮，照射曲轴皮带轮。

7 1号观察点火正时灯显示屏，读取发动机怠速工况下的点火提前角。改变发动机的转速，观察点火提前角的变化情况。

💡 提示

（1）将发动机在怠速工况下，检测到的点火提前角与标准值进行比较，从而可以确定发动机点火正时正确与否。AJR型发动机点火提前角12°±4.5°。

（2）改变发动机的转速，点火提前角应随转速升高而增大；随转速降低而减小。

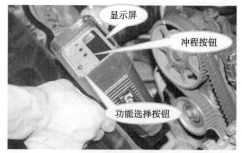

8 2号关闭点火开关，停止发动机运转。1号取下分缸线感应夹。

9 1号从蓄电池导线接头上取下点火正时灯红、黑导线。

💡 提示

由于点火正时灯电源导线较长，从蓄电池上取下时，应单根缠绕并远离蓄电池极柱后，再取另一根导线，防止导线短路而损坏点火正时灯。

10 1号将点火正时灯传递给2号。2号将点火正时灯放置于包装箱中。

💡 提示

检测仪要妥善保管，防振动、防重压。

第九步　整理工位

参见"整理工位"。

141

八、考核标准

考 核 标 准 表

考核时间	序号	考 核 项 目	满分	评 分 标 准	得分
40min	1	作业前清理工位	3	操作不当扣3分	
	2	安装保护罩	3	酌情扣分	
	3	发动机预热	5	检查不到位扣3分	
	4	关闭空调	4	检查不到位扣3分	
	5	关闭音响	4	报告错误扣3分	
	6	关闭暖风	4	操作不当扣4分	
	7	观察发动机水温	3	清洁遗漏扣3分	
	8	观察冷却风扇	4	操作不当扣5分	
	9	检查节气门拉线	4	操作遗漏扣4分	
	10	连接检测仪 V. A. G1552	8	清洁遗漏扣5分	
	11	连接点火正时灯	5	操作不当扣5分	
	12	检查发动机怠速	20	操作不当扣4分	
	13	检查发动机点火正时	20	操作不当扣4分	
	14	取下检测仪	5	操作不当扣6分	
	15	安装诊断座防护罩	4	操作不当扣7分	
	16	整理工位卫生	4	操作不当扣4分	
	17	遵守相关安全规范		因违规操作造成人身和设备事故的,总分按0分计	
		分数合计	100		

项目十三 检查、更换氧传感器

一、项目说明

1.概述

氧传感器(λ传感器)又称空气、汽油混合比传感器,用以监控发动机的燃烧状况,随时向ECU提供修正喷油量的电信号。

氧传感器失效一般有两种原因:

① 达到使用极限而失效;

② 炭烟、铅化合物、硅胶、机油等物质沉淀在氧传感器上而失效。

氧传感器失效会导致混合气过浓或过稀,致使发动机怠速不稳、油耗过大、排放超标等故障,并点亮汽车仪表板上的发动机故障报警灯。所以,及时检测或更换氧传感器是保证发动机正常工作的重要措施之一,又是汽车维护项目中的重要内容。

2.氧传感器的类型和工作原理

目前汽车上应用较多的氧传感器有氧化锆式和氧化钛式两种。而氧化锆式氧传感器应用最为广泛。

氧传感器(氧化锆式)工作原理是:在一定条件下(高温和铂催化),利用氧化锆内外的氧浓度差,产生电位差,并将电位差转变成电压信号输出给控制单元(ECU),ECU修正喷油器的喷油量,将λ控制在14.7左右。

二、技术标准与要求

(1)安装与AJR型发动机电控系统配套使用的氧传感器;

(2)AJR型发动机电控系统采用的氧传感器的更换里程为80000km;

(3)使用V.A.G1552专用检测仪检测或车用万用表氧传感器性能;

(4)发动机水温达到80℃以上时,方可进行氧传感器检查;

(5)AJR型发动机电控系统采用的氧传感器输出电压为0.1~0.9V;

(6)AJR型发动机电控系统采用4线式氧传感器。

三、实训时间:45min

四、实训教学目标

(1)了解检查、更换氧传感器的重要性;

(2)熟悉氧传感器的类型和基本工作原理;

(3)掌握检查和更换氧传感器的操作技能。

五、实训器材

桑塔纳2000GSi 型轿车

举升机

V. A. G1552

专用扳手

六、教学组织

1. 教学组织形式

每辆车安排4名学生参与实训,两名学生,一组操作、一组观察学习。

2. 学生站位分工和要求

两名学生一组,按照1号、2号进行编号,1号为主,2号辅助。

3. 实训教师职责

讲解操作步骤和注意事项;下达"操作开始"口令;工位间巡视、检查、指导和纠正错误。

4. 学生职责变换

2名学生实行职责变换制度,即第一遍1号为主,2号辅助;第二遍2号为主,1号辅助。

七、操作步骤

第一步 事前准备

参见"事前准备"。

第二步 拆卸氧传感器

1 1号断开转速传感器的电路连接器。

> 提示
>
> (1)转速传感器的电路连接器,颜色灰白,断开连接器时,注意观察其锁止和定位。
>
> (2)断开电路连接器时,严禁用手直接拉拔线束或使用螺丝刀类工具撬别,会导致连接器损伤和锁止不可靠。

2 1号断开爆震传感器的电路连接器。

> 提示
>
> (1)爆震传感器的电路连接器,颜色墨绿,断开连接器时,注意观察其锁止和定位。
>
> (2)断开电路连接器时,严禁用手直接

项目十三 检查、更换氧传感器

拉拔线束或使用螺丝刀类工具撬别,会导致连接器损伤和锁止不可靠。

3 1号断开发电机+B导线电路连接器。

> 提示

(1)发电机+B导线电路连接器,颜色黑色,断开连接器时,注意观察其锁止和定位。

(2)断开电路连接器时,严禁用手直接拉拔线束或使用螺丝刀类工具撬别,会导致连接器损伤和锁止不可靠。

4 1号断开氧传感器的电路连接器。

> 提示

(1)氧传感器的电路连接器,颜色为黑色,断开连接器时,注意观察其锁止和定位。

(2)断开电路连接器时,严禁用手直接拉拔线束或使用螺丝刀类工具撬别,会导致连接器损伤和锁止不可靠。

5 2号操纵举升机,将车辆举升到目标高度后,可靠停驻。1号确认车辆可靠停驻后,方可进入车下作业。

6 2号将氧传感器拆装专用扳手传递给1号。

> 提示

氧传感器拆装扳手,是在 $\phi 19mm$ 梅花扳手上加工有一缺口,用于穿过线束将扳手套于氧传感器外壳的螺方上。

7 1号将专用扳手的缺口穿过氧传感器的导线。

> 提示

由于氧传感器导线和电插头结构原因,通用工具无法正常拆装氧传感器。因此,要选择专用工具拆卸氧传感器。

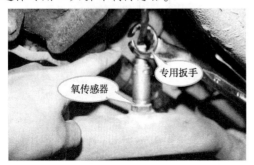

8 1号将专用扳手套于氧传感器外壳的螺方上并拧松氧传感器。

> 提示

拆卸氧传感器时,有时排气管温度较高,要注意防止烫伤,操作时要佩戴安全手套。

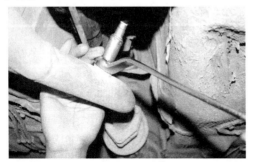

9 1号将氧传感器的导线缠绕后,用手旋出氧传感器。

> 提示

在旋出氧传感器时,注意导线要随氧传感器同步旋转。否则,容易破坏导线和氧传感器的正常连接,导致氧传感器报废。

第三步 氧传感器的外观检查

1号观察氧传感器外壳上的通气孔是否堵塞,陶瓷芯是否破裂。是,则更换氧传

感器。

> 提示

氧传感器的通气孔堵塞,锆管内外的氧离子因不能够作游离运动而产生电动势,即氧传感器无信号电压输出。

氧传感器的陶瓷体破裂,锆管内外相通,氧传感器失效。

第四步 连接检测仪

1号观察氧传感器顶尖部位的颜色来判断故障。

> 提示

(1)如果顶尖部位为浅灰色,氧传感器性能正常。

(2)如果顶尖部位为黑色,是由于积炭导致,排除发动机产生积炭故障后,可自动清除。

(3)如果顶尖部位为白色,由硅中毒所致,更换氧传感器。

(4)如果顶尖部位为棕色,由铅中毒所致,更换氧传感器。

第五步 安装氧传感器

1 2号将氧传感器传递给1号。1号将氧传感器用手旋入排气管上的螺纹孔。

项目十三　检查、更换氧传感器

顶尖部位

> **提示**
>
> 在旋入氧传感器时，注意氧传感器的导线要随氧传感器同步旋转。否则，容易破坏导线和氧传感器的正常连接，导致氧传感器报废。

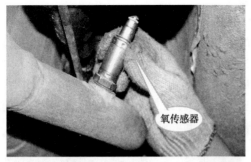

氧传感器

2 2号将氧传感器拆装专用扳手传递给1号。

3 1号将氧传感器的导线穿过专用扳手的缺口。

> **提示**
>
> 拆装氧传感器时，要选择专用工具。

4 1号将专用扳手套于氧传感器外壳的螺方上并拧紧氧传感器到规定力矩。

> **提示**
>
> 氧传感器的拧紧力矩为45N·m。若拧紧力矩过大，易造成滑扣；若拧紧力矩过小，会导致漏气发生。

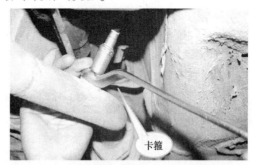

卡箍

5 2号将氧传感器的导线按照在车身上规定走向上传至发动机舱的上方。

> **提示**
>
> 氧传感器的导线一定要按照要求进行布置，否则，垂落的导线会与排气管接触，使导线损伤，或行车中线束摇摆，影响电压信号传输。

6 2号操纵举升机将车辆降落到地面上。

7 1号将氧传感器、发电机+B导线、爆震传感器、转速传感器的电插头与相应插座连接起来。

147

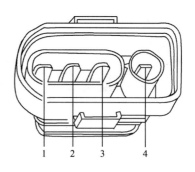

0.9V 范围内变化。

💡 提示

插接器在连接时,要注意以下几点:

(1)辨颜色。同一插接器的插头和插座通常颜色相同。

(2)辨方向。同一连接器的插头和插座上有对应的定位孔和凸起。

(3)插接到位,定位可靠,不松动。

💡 提示

人为改变空燃比的大小,观察输出电压的变化,确定氧传感器的性能。比如,拔下进气管道上的真空管,混合气变稀,输出电压降低;适度堵塞进气管道,混合气变浓,输出电压升高,或使发动机突然变换转速,输出电压应有瞬时突变。

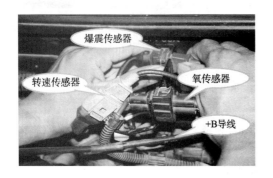

第六步 使用万用表检测氧传感器

1 1号拔下氧传感器上4针插头。使用车用万用表测量传感器端子1和2间的电阻,在室温时氧传感器加热器电阻为 1～5Ω。

💡 提示

如果断路,更换氧传感器。如果氧传感器加热器是通路,应再测试氧传感器加热器的供电电压。

2 1号使用车用万用表测试氧传感器输出端3和4之间的信号电压,应在0.1～

第七步 预热发动机

1号打开点火开关,起动发动机并保持怠速运转使发动机水温达到80℃。

💡 提示

发动机达到正常工作温度后,方可进行氧传感器性能检测。

第八步 连接V.A.G1552检测仪

1 1号用手打开变速器手柄下方的防护罩。

项目十三　检查、更换氧传感器

提示

防尘罩通过弹性卡安装在盖板上,取下时,用手向里推挤防尘罩即可。

4 2号将检测仪上的插座与传输线上的插孔所对应的连接标记对齐后,将插孔安插到插座上,然后将传输线上的防松帽转动并推到插座的外罩上。这样把传输线与检测仪连接起来。

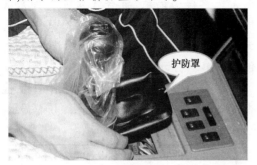

2 1号确认传输线的圆头一端的插针和安装凸起标记。

提示

传输线与检测仪连接时,插头和插空之间有严格相对位置规定。传输线回头内孔中的凸起即是安装位置标记。

5 1号查找传输线扁平端插头上的弹簧卡片所在位置。

提示

带有弹簧卡片的插头一侧,可作为插头在诊断座上前后安装标记。

3 1号确认检测仪插座上的连接标记。

提示

插座上的缺口即是与传输线回头端上的凸起标记相配合的标记。

6 1号将传输线的扁平插头按照弹簧卡朝后的方向,插入诊断座孔。这样传输线和发动机电控单元的诊断座连接起来。

> 提示
>
> 传输线的插头要安装到位且可靠。否则,将影响数据传递。

第九步 检测氧传感器

(1) 选择功能08"读测量数据块"显示组03。屏幕显示。

```
Read measuring value block 3 →
1     2     3     4
读测量数据块3 →
1     2     3     4
```

```
Read measuring value block 7 →
1     2     3     4
读测量数据块7 →
1     2     3     4
```

在区域3中冷却液温度必须大于80℃才可检查λ传感器工作情况。

(2) 按C键,输入07,按Q键确认。屏幕显示。

> 提示
>
> 区域2显示λ传感器信号电压,如果λ传感器电压读数波动缓慢,检测λ传感器加热器;如果λ传感器电压读数维持在 0.45~0.50V不变,说明信号线开路;如果λ传感器电压读数维持在0~0.3V(混合气太稀),表明λ控制已经达到最大浓度极限,但λ传感器仍记录"混合气太稀";如果λ传感器电压读数维持在0.7~1.0V(混合气太浓),表明λ控制已经达到最稀浓度极限,但λ传感器仍记录"混合气太浓"。

(3) 按C键。如果λ传感器工作适当,检查λ调节值。输入08,按Q键确认。屏幕显示:

```
Read measuring value block 8 →
2ms   0.7%   - 0.5%   AKF active
读测量数据块8 →
2ms   0.7%   - 0.5%   AKF阀打开
```

> 提示
>
> 混合气调节系统具有调节能力,也就是说λ控制能识别发动机(喷油器喷油、汽缸压缩压力、汽油压力等)的差异,并对控制单元予编程序的基本喷油时间进行补偿调节。喷油时间延长或减少,直至达到"λ=1"混合气成分。实际喷油时间和控制单元中最初设定的喷油时间的点阵图之间的差值用百分比表示。
>
> 正值:预先设定基本喷油时间太短,为了达到"λ=1"混合气成分,实际喷油时间应增加的百分比;
>
> 负值:预先设定基本喷油时间太长,为了达到"λ=1"混合气成分,实际喷油时间应减少的百分比。

第十步 取下检测仪

1 1号关闭点火开关,停止发动机运转并将检测仪传输导线的两连接端,用手取下。

> 提示
>
> 取下传输导线两连接端插头时,要用手捏紧插头处并向上用力拔出插头。严禁采用直接拉拔导线或摆晃插头的方法,取下插头。

2 1号将检测仪传递给2号。2号将其放置于包装盒内。

> 提示
>
> 传递、接收和使用检测仪的要求,请参阅前文说明,不再赘述。
>
> 检测仪要妥善保管,防振动、防重压。

3 1号将传输导线传递给2号。

> 提示
>
> 传输导线严禁剧烈弯折或作他用,应注意保管和使用。

4 1号将变速器手柄下方的防护罩安装到位。

> 提示
>
> 防护罩用于保护电控系统诊断座,既可防止尘埃、潮湿空气等污染侵蚀诊断座,又避免杂物损伤诊断座。因此,防护罩出现破损,要换新品,并且保证安装到位。

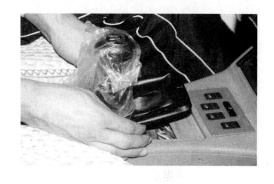

第十一步 整理工位

参见"整理工位"。

八、考核标准

考核标准表

考核时间	序号	考核项目	满分	评分标准	得分
40min	1	作业前清理工位	2	酌情扣分	
	2	安装保护罩	3	酌情扣分	
	3	车辆停驻	2	检查不到位扣2分	
	4	打开并支撑机舱盖	3	检查不到位扣3分	
	5	拆卸转速传感器、发电机、爆震传感器、氧传感器的连接器	3	操作不当扣3分	
	6	升降车辆	4	操作不当扣4分	
	7	拆卸氧传感器	5	操作不当扣5分	
	8	氧传感器外观检查	5	操作遗漏扣5分	
	9	万用表检查氧传感器	20	操作不当扣20分	
	10	安装氧传感器	7	操作不当扣7分	
	11	安装转速传感器、发电机、爆震传感器、氧传感器的连接器	5	操作不当扣5分	
	12	发动机预热	3	操作不当扣3分	
	13	连接V.A.G1552检测仪	6	操作不当扣6分	
	14	检测氧传感器	15	操作不当扣15分	
	15	取下检测仪	3	操作不当扣3分	
	16	安装诊断座防护罩	2	操作不当扣2分	
	17	作业后整理工位	2	操作不当扣2分	
	18	遵守相关安全规范		因违规操作造成人身和设备事故的,总分按0分计	
		分数合计	100		

项目十四 检查、更换冷却液温度传感器

一、项目说明

1. 概述

水温传感器用于检测发动机冷却液的温度,并将温度信号转变成电信号输出给发动机控制模块(ECU),作为汽油喷射、点火正时、怠速和尾气排放控制的主要修正信号。

水温传感器是一个非常重要的传感器,如果损坏,会导致发动机冷车或热车启动困难、油耗增加、排放超标等故障发生,使发动机的使用性能明显下降。因此对水温传感器进行正确的检测和及时的更换,对保障发动机的正常工作起着至关重要的作用,同时也是汽车维护中的一项基本操作技能。

2. 水温传感器的类型

水温传感器有绕线电阻式和热敏电阻式两种。热敏电阻式又分为NTC(负温度系数)和PTC(正温度系数)两种。热敏式水温传感器广泛应用于检测发动机的冷却液和进气温度。

ECU在水温传感器的输入端施加5V电压,通过热敏电阻NTC后,由于水温不同阻值改变,使输入端的电压在0~5V内变化,ECU感受到不同的电压信号。

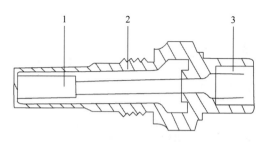

热敏电阻式水温传感器
1-负温度系数电阻;2-外壳;3-电气接头

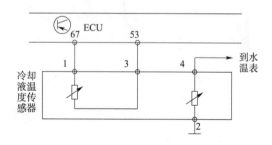

AJR型发动机冷却液温度传感器连接电路

二、技术标准与要求

(1)安装与AJR型发动机电控系统配套使用的水温传感器。

(2)AJR型发动机采用的水温传感器为热敏式NTC水温传感器。

(3)AJR型发动机水温传感器℃/Ω:20℃时,阻值为1500~2000Ω;80℃时,电阻值为275~375Ω。

三、实训时间:45min

四、实训教学目标

(1)了解检查、更换冷却液温度传感器的重要性;

(2)熟悉冷却液温度传感器的类型和工作原理;

(3)掌握检查、更换冷却液温度传感器的操作技能。

五、实训器材

车用万用表　　　　V. A. G1552 检测仪

六、教学组织

1. 教学组织形式

每辆车安排4名学生参与实训,两名学生一组,一组操作,一组观察学习。

2. 学生站位分工和要求

两名学生一组,按照1号、2号进行编号,1号为主,2号辅助。

3. 实训教师职责

讲解操作步骤和注意事项;下达"操作开始"口令:工位间巡视、检查、指导和纠正错误。

4. 学生职责变换

2名学生实行职责变换制度,即第一遍1号为主,2号辅助;第二遍2号为主,1号辅助。

七、操作步骤

第一步　事前准备

参见"事前准备"。

第二步　排放冷却液

1号、2号共同配合将冷却系统中的冷却液适量排放(以拆下冷却液温度传感器冷却液不洒落为标准)。

💡 提示

(1)排放冷却液的操作要领和注意事项,请参阅(作业项目——更换冷却液),在此不再赘述。

(2)适量排放冷却系统中的冷却液,防止拆卸冷却液温度传感器时冷却液流失。

第三步　拆卸冷却液温度传感器

1 1号检查点火开关是否关闭。否,

项目十四　检查、更换冷却液温度传感器

关闭点火开关。

> 💡 提示
>
> 在拆装电控系统中电元件和传感器连接器时,特别是电感型负载,应关闭点火开关。防止自感电动势损坏电控单元(ECU)。

2 1号确认冷却液温度传感器在发动机上所处位置。

> 💡 提示
>
> 冷却液温度传感器位于发动机后方的水管凸缘上,在空调温控开关的下方,与冷却水接触,是四线式连接器

3 1号用拇指和食指按压冷却液温度传感器插头上的卡簧,并向下用力拔出插头。

> 💡 提示
>
> 拆装连接器时,严禁直接拉拔线束或用螺丝刀撬别连接器。否则会导致连接器的损坏。

4 1号取出冷却液温度传感器定位卡簧并传递给2号。2号摆放到零件车上。

> 💡 提示
>
> 冷却液温度传感器上的卡簧用于将传感器定位在承孔内,防止冷却系统内的压力将传感器脱出。

5 1号将冷却液温度传感器的定位卡簧取出后,用手捏紧传感器的插座,转动并向下拉出传感器。

> 💡 提示
>
> (1)冷却液温度传感器的外壳上安装有橡胶密封圈,在冷却液中浸泡后会膨胀。因此取出冷却液温度传感器时有一定难度,但严禁使用钢丝钳取出传感器。否则容易损坏传感器插头,使传感器报废。
>
> (2)取出冷却液温度传感器之前,应在其下方放置棉纱,用于吸收洒落的少量冷却液。

155

第四步 检查冷却液温度传感器

1号将冷却液温度传感器置于盛有冷却液的容器中,用万用表连接1号、3号端子,测量传感器电阻。改变容器中的冷却液温度,观察电阻值的变化情况。

> 提示
>
> AJR型发动机冷却液温度传感器温度/电阻规定:20℃时,阻值为1500~2000Ω;80℃时,阻值为275~375Ω。如测量值与规定值不符,则更换冷却液温度传感器。

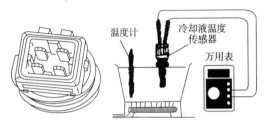

冷却液温度传感器性能测试

第五步 检查橡胶密封圈

1号目视检查冷却液温度传感器的橡胶密封圈是否有破裂、扭曲、老化僵硬等现象。有,则更换密封圈。

> 提示
>
> 橡胶密封圈用于保证冷却液温度传感器与其承孔间的冷却液不泄漏。因此更换冷却液温度传感器时,应检查或更换橡胶密封圈。

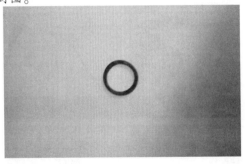

第六步 安装冷却液温度传感器

1 1号将在冷却液中浸泡后的橡胶密封圈安装到冷却液温度传感器上的环槽中。

> 提示
>
> 冷却液温度传感器的密封圈安装后,应自然平顺,避免扭转。否则将影响其密封性能。

2 1号将冷却液温度传感器对正其承孔,转动并推入承孔内。

> 提示
>
> 安装水温传感器时,不要歪斜插入,严禁敲击安装。否则密封圈、传感器会损伤。

3 1号调整冷却液温度传感器在承孔中的位置,将定位卡簧插入承孔外壳上的槽口和传感器环槽中。

> 提示
>
> 安装卡簧时,要保证卡簧将冷却液温度传感器可靠定位。

4 1号将冷却液温度传感器的插头插

项目十四 检查、更换冷却液温度传感器

到插座上。

> 💡 提示
>
> （1）冷却液温度传感器的连接器安装后，要保证安装到位，锁止定位可靠。
>
> （2）拆装连接器时，严禁直接拉拔线束或用螺丝刀撬连接器，否则会导致连接器的损坏。

第七步 连接 V.A.G1552 检测仪

1 1号用手打开变速器手柄下方的防护罩。

> 💡 提示
>
> 防尘罩通过弹性卡安装在盖板上，取下时，用手向里推挤防尘罩即可。

2 1号确认传输线的圆头一端的插针和安装凸起标记。

> 💡 提示
>
> 传输线与检测仪连接时，插头和插空之间有严格相对位置规定。传输线圆头内孔中的凸起即是安装位置标记。

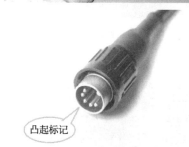

3 1号确认检测仪插座上的缺口连接标记。

> 💡 提示
>
> 插座上的缺口即是与传输线圆头端上的凸起标记相配合的标记。

4 1号将检测仪上的插座与传输线上的插孔所对应的连接标记对齐后，将插孔安插到插座上，然后将传输线上的防松帽转动并推到插座的外罩上。这样把传输线与检测仪连接起来。

5 1号确认传输线扁平端插头上的弹簧卡片所在位置。

> 💡 提示
>
> 带有弹簧卡片的插头一侧，可作为插头

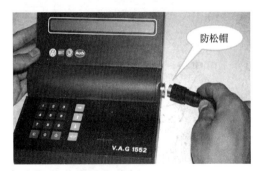

在诊断座上前后安装标记。

6 1号将传输线的扁平插头按照弹簧卡朝后的方向,插入诊断座孔。这样传输线和发动机电控单元的诊断座连接起来。

> 提示
>
> 传输线的插头要安装到位且可靠。否则,将影响数据传递。

第八步 检测传感器

发动机怠速工况,进入08功能"读测量数据块",选择03显示组检查冷却液温度传感器。如果显示数据正常,则水温传感器更换完毕。

第九步 取下检测仪 V.A.G1552

1 1号关闭点火开关,停止发动机运转并将检测仪传输导线的两连接端,用手取下。

> 提示
>
> 取下传输导线两连接端插头时,要用手捏紧插头处并向上用力拔出插头。严禁采用直接拉拔导线或摆晃插头的方法,取下插头。

2 1号将检测仪传递给2号,2号将其放置于包装盒内。

> 提示
>
> 传递、接收和使用检测仪的要求,请参

项目十四　检查、更换冷却液温度传感器

阅前文说明,不再赘述。

检测仪要妥善保管,防振动、防重压。

3 1号将传输导线传递给2号。

💡 提示

传输导线严禁剧烈弯折或作他用,应注意保管和使用。

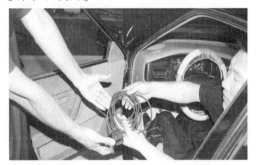

4 1号将变速器手柄下方的防护罩安装到位。

💡 提示

防护罩用于保护电控系统诊断座,既可防止尘埃、潮湿空气等污染侵蚀诊断座,又可避免杂物损伤诊断座。因此,防护罩出现破损,要换新品,并且保证安装到位。

第十步　整理工位

参见"整理工位"。

八、考核标准

考核标准表

考核时间	序号	考核项目	满分	评分标准	得分
40min	1	作业前清理工位	2	酌情扣分	
	2	安装保护罩	5	酌情扣分	
	3	车辆停驻	2	检查不到位扣2分	
	4	打开并支撑机舱盖	3	操作不当扣3分	
	5	排放冷却液	5	操作不当扣5分	
	6	拆卸冷却液温度传感器	7	操作不当扣7分	
	7	万用表检查传感器电阻	23	操作不当扣23分	
	8	检查密封圈	5	检查不到位扣5分	

续上表

考核时间	序号	考核项目	满分	评分标准	得分
40min	9	安装冷却液温度传感器	10	操作不当扣10分	
	10	连接V.A.G1552检测仪	6	操作不当扣6分	
	11	检测冷却液温度传感器	23	操作不当扣23分	
	12	取下检测仪	5	操作不当扣5分	
	13	安装诊断座防护罩	2	操作不当扣2分	
	14	作业后整理工位	2	酌情扣分	
	15	遵守相关安全规范		因违规操作造成人身和设备事故的,总分按0分计	
		分数合计	100		

项目十五　检测故障指示灯亮(进行自诊断)

一、项目说明

汽车电控喷射系统中的控制单元(ECU),具有报警、储存、记忆和自诊断功能,其语言可用仪表盘上的故障指示灯闪烁定性显示,也可以用检测仪定量显示。

正确使用检测仪器,是正确阅读故障信息、分析故障原因、诊断故障点的前提和基础,也是维修技术人员应具备的基本操作技能。

二、技术标准与要求

(1)正确连接和使用 KT600 检测仪。
(2)偶发性故障或部分他生故障,清除故障代码后消失;永久性故障或部分他生故障,在排除故障且清除故障代码后,故障代码才消失。

三、实训时间:30min

四、实训教学目标

(1)了解发动机电控系统故障查询的重要性;
(2)熟悉 KT600 检测仪的正确连接和使用方法;
(3)掌握丰田卡罗拉发动机电控系统故障查询和清除的操作技能。

五、实训器材

科鲁兹轿车

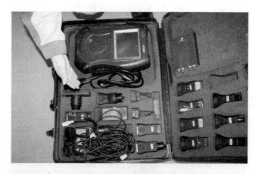

KT600 诊断仪

六、教学组织

1. 教学组织形式

每辆车安排4名学生参与实训,两名学生一组,一组操作,一组观察学习。

2. 学生站位分工和要求

两名学生一组,按照1号、2号进行编号,1号为主,2号辅助。

3. 实训教师职责

讲解操作步骤和注意事项;下达"操作开始"口令;工位间巡视、检查、指导和纠正错误。

4. 学生职责变换

2名学生实行职责变换制度,即第一遍1号为主,2号辅助;第二遍2号为主,1号辅助。

七、操作步骤

第一步 事前准备

参见"事前准备"。

第二步 连接KT600诊断仪

1 2号取出KT600诊断仪,并检查配件是否齐全。

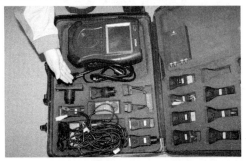

2 2号将传输导线连接至KT600诊断仪上并拧紧锁止螺栓。

> 提示
>
> 连接时,要特别注意对正针脚,否则会损坏传输导线或诊断仪。

3 2号根据车型找到对应的适配接头。

> 提示
>
> 不同车型和不同年款的车型适配接头有所不同,选取时要特别注意。

4 2号将适配接头连接至传输导线的另一端,并拧紧传输导线上的锁止螺栓,以防插头脱落。

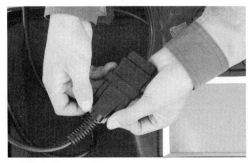

> 提示

连接时注意针脚对齐,防止损坏针脚。

5 1号进入车辆,找到位于驾驶员脚部左侧的诊断座。

> 提示

不同车型和不同年款的车型诊断座的位置不同,详见各车型维修手册。

6 1号关闭点火开关,将适配接头连接至车辆上的诊断座。

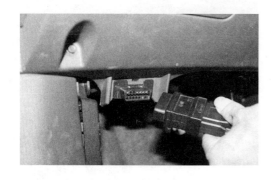

> 提示

适配接头一定要插接到位。不然,会造成数据传输中断。

第三步 查询和清除故障码

1 打开点火开关,打开诊断仪,依次选择汽车诊断——车型(通用)——年款——生产商(雪佛兰)——科鲁兹——发动机控制模块——发动机类型——变速器类型。

> 提示

按照屏幕界面提示操作即可。

2 读取故障储存信息,并记录。

> 提示

将详细的故障信息记录完整,以备查。

3 清除故障码。

💡 提示

清除故障码的目的是清除部分虚假性的历史故障码,然后下一步重新读取故障信息。若依然存在故障码,则该故障码为真实故障码。

第四步 再次确认故障码

1 1号摆动变速器换挡杆手柄,确认变速器处于空挡(N挡)位置或驻车挡(P挡)位置。

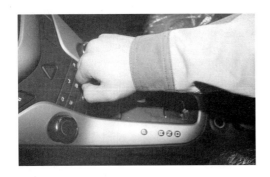

💡 提示

(1)防止带挡误操作造成人身或设备损伤;

(2)自动挡车辆带挡起动时,会造成无法起动。

2 1号确认驻车操纵手柄处于拉起位置。

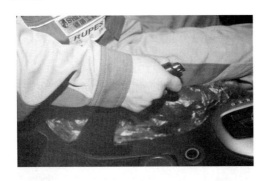

💡 提示

确保车辆、设备和人员安全。

3 1号打开点火开关,检查仪表台各指示灯及仪表显示是否正常。

💡 提示

仪表显示异常时,要先排除故障再起动发动机。

4 2号检查机油液位是否正常。

💡 提示

液位不足,不能起动车辆。

5 2号检查冷却液位是否正常。

项目十五　检测故障指示灯亮(进行自诊断)

> **提示**
> 液位不足,不能起动车辆。

6 2号检查蓄电池电压是否正常。

> **提示**
> 蓄电池电压不足,不能起动车辆。

7 1号、2号确保车辆和人员安全后,起动发动机并保持怠速运转3~5min。

> **提示**
> 起动发动机时,1号、2号必须相互配合,双方确保车辆和人员安全状态下方可起动车辆。

8 轻踩加速踏板至发动机转速1500r/min以上,运转3min,再次读取故障码,并记录。

> **提示**
> 有些故障是在特定条件下才会生成。

9 如有故障码再次出现,必须确定维修方案,并及时修复。

10 故障排除后,故障码才会彻底清除,此时读取故障码屏幕会显示"系统正常"。

11 如系统工作正常,关闭诊断仪,关闭点火开关,拔下适配接头与车辆的连接。

12 从车内取出诊断仪、数据传输线及适配接头。

13 拧松锁止,将适配接头取下,将传输导线与诊断仪连接的锁止拧松断开连接,将诊断仪放回到原位。

第五步　整理工位

参见"整理工位"。

八、考核标准

考核标准表

考核时间	序号	考核项目	满分	评分标准	得分
30min	1	安装保护罩	5	酌情扣分	
	2	拆卸诊断插孔防护罩	5	操作不当扣5分	
	3	连接电缆线与检测仪	10	操作不当扣10分	
	4	连接电缆线和诊断插座	10	操作不当扣10分	
	5	查询故障信息	30	操作不当扣30分	
	6	清除故障代码	25	操作不当扣25分	
	7	取下检测仪	10	操作不当扣10分	
	8	安装诊断插孔防护罩	5	操作不当扣5分	
	9	遵守相关安全规范		因违规操作造成人身和设备事故的,总分按0分计	
		分数合计	100		

项目十六　检查、调整气门间隙

一、项目说明

发动机工作时,如果气门和传动件之间,在冷态时没有间隙或间隙过小,则在热态下气门及其传动件受热膨胀势必会引起气门关闭不严,造成发动机在压缩行程和做功行程中漏气,使发动机功率下降。为消除上述现象,通常发动机冷态装配时,在气门及其传动机构中预留适当间隙,以补偿气门受热后的膨胀量。这一预留间隙称为气门间隙。

气门间隙的大小一般由发动机制造厂根据试验来确定。如果气门间隙过小,发动机在热态下会发生漏气现象,导致功率下降,甚至会烧坏气门;如果气门间隙过大,传动件之间以及气门与气门座之间将产生撞击,发动机运转稳定性差,噪声增大,并且会降低发动机的换气效率。由此可见,按照规范及时调整气门间隙对改善发动机性能起着非常重要的作用,同时作为一项操作技能也是维修人员应熟练掌握的。

下面以羚羊轿车847型发动机为例,说明气门间隙的调整方法及操作步骤。

二、技术标准与要求

(1)847型发动机采用顶置单凸轮轴4气门(2进2排)配气机构。

(2)气门间隙规定值为:

冷态(冷却液温度15~25℃)时,进气门0.13~0.17mm;排气门0.23~0.27mm;热态(冷却液温度60~68℃)时,进气门0.17~0.27mm;排气门0.27~031mm。

(3)847型发动机做功顺序为1-3-4-2。

(4)气门紧固螺栓的拧紧力矩为12N·m。

(5)气门罩固定螺栓的拧紧力矩为11N·m。

三、实训时间:30min

四、实训教学目标

(1)了解调整气门间隙的重要性和必要性;

(2)掌握人工调整气门间隙的操作技能。

五、实训器材

羚羊轿车

厚薄规

专用调整工具

梅花扳手

套筒工具

16～17mm 梅花扳手，
8～10mm 梅花扳手，
φ8mm 套筒，
φ10mm 套筒，
滑杆，
接杆。

六、教学组织

1. 教学组织形式

每辆车安排 4 名学生参与实训，两名学生一组，一组操作，一组观察学习。

2. 学生站位分工和要求

两名学生一组，按照 1 号、2 号进行编号，1 号为主，2 号辅助。

3. 实训教师职责

讲解操作步骤和注意事项；下达"操作开始"口令；工位间巡视、检查、指导和纠正错误。

4. 学生职责变换

2 名学生实行职责变换制度，即第一遍 1 号为主，2 号辅助；第二遍 2 号为主，1 号辅助。

七、操作步骤

第一步　事前准备

参见"事前准备"。

第二步　拆蓄电池负极搭线

1 2 号将 8～10mm 梅花扳手传递给 1 号。

2 1 号使用梅花扳手拧松蓄电池负极搭线的固定螺栓，用手取下负极搭线并可靠离开蓄电池的负极柱。

> 提示

断开蓄电池与电气系统的电路，主要目的是避免在操作过程中因误操作导致电路搭铁、短路或起动机运转，致使电路故障或伤害事故发生。

第三步　拆卸分缸线

1 1 号确认各分缸线上的缸序数字标注。

> 提示

（1）在取出各分缸线之前，应首先确定分缸线所对应的汽缸。否则，安装时容易因分缸线错乱，影响发动机正常起动与运转。

(2)如果分缸线上没有缸序数字标注,要自制缸序编号。

2 1号用手依次拔出各缸分缸线并安放在离开气门室罩位置。

💡 提示

拔出分缸线时,要用手捏紧其保护罩上端突起加强部位并用力拉出分缸线。严禁直接用手拉拔分缸线或使用钢丝钳等类似工具拉拔分缸线。否则会导致分缸线损坏。

第四步 拆卸PCV管和通气管

1 2号将鲤鱼钳传递给1号。

2 1号使用鲤鱼钳将气门室罩上的PCV阀连接管、发动机通气管拔下。

💡 提示

(1)鲤鱼钳的使用方法,请参阅"项目一 检查、更换冷却液",在此不再赘述。

(2)PCV阀是闭式曲轴箱通风装置,根据发动机工况,控制进入进气管的曲轴箱内气体数量。

第五步 拆卸气门室罩

1 2号选择并组合φ8mm套筒、接杆、滑杆。

2 2号将组合后的工具传递给1号。

3 1号使用工具将气门室罩上的6条螺栓按照从两端到中间顺序分两遍拧松。之后,2号接收工具并摆放到工具车上。

> 提示
>
> 拧松气门室罩的固定螺栓时,要按照要求从两端到中间分两遍进行,目的是防止气门室罩变形。

4 1号用手将螺栓取下并传递给2号。

5 2号将橡皮锤传递给1号。

6 1号使用橡皮轻敲气门室罩的四角位置,将其松动。

> 提示
>
> 松动气门室罩时,严禁使用铁锤或螺丝刀等器具,以免损伤气门室罩。

7 1号用手取下气门室罩并传递给2号。

> 提示
>
> 在传递气门室罩时,要注意轻拿轻放,接收可靠,避免掉落到地面上,造成损坏。

8 1号将干净棉纱覆盖在汽缸盖上部。

> 提示
>
> 气门室罩取下后,为防止脏污或异物进入气门室内,应注意采取防护措施。

9 2号接收零件并摆放到零件车上。

> 提示
>
> 零件在零件车上,摆放要整齐有序,有

利于快速而正确进行安装。

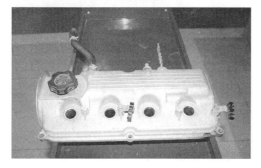

第六步 拆卸空气滤清器总成

1 2号将十字螺丝刀传递给1号。

2 1号使用十字螺丝刀旋松与空滤器出气口相接的进气软管的管箍螺栓，用手脱开进气软管。

> 提示
> 使用螺丝刀类工具时，应保持螺丝刀的轴线与螺栓的螺母垂直。如果歪斜，容易使螺丝刀滑出而伤手或损伤螺栓。

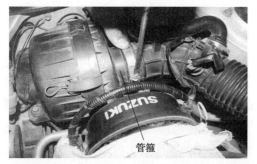

3 2号将φ10mm套筒、棘轮扳手传递给1号。1号使用工具将空滤器壳与车身连接的一条固定螺栓拧松，并用手取下。2

号接收工具、螺栓并摆放到工具车、零件车上。

> 提示
> 拆卸空滤器总成的主要目的是便于察看曲轴皮带轮和正时齿带罩上的正时对应标记。

第七步 对齐曲轴皮带轮标记

1 2号操纵举升机，将车辆举升适当高度。

> 提示
> （1）举升车辆的目的是，便于转动前轮和拆卸右侧翼子板的下护板。
> （2）转动前轮时，点火开关应处于开锁位置。否则，转向轮被锁止。

2 1号扳动转向轮向右偏至极限位置后，拆卸右翼子板的下护板。

> 提示
> 下护板是通过塑料扣安装到翼子板和车身上的，下护板安装时要更换塑料扣。

下护板

3 2号将17mm梅花扳手套于曲轴皮带轮的固定螺栓上并转动曲轴。1号从上方观察曲轴皮带轮上的V形红漆标记是否与正时齿带罩上的"0"刻度线对齐。

> 提示
>
> 曲轴皮带轮上的V形红漆标记与正时齿带罩上的"0"刻度线要对齐,这是一对正时标记。

"0"刻度线

带轮上V形标记

第八步 确定1缸或4缸位置

1 2号将8～10mm梅花扳手传递给1号。1号使用梅花扳手的8mm端拆卸分电器盖上的两条固定螺栓。

> 提示
>
> 为防止梅花扳手在使用时滑出,应用手按压与螺母接触部位。

2 1号取下分电器盖后,观察分火头是否指向分电器盖上1缸旁电极。是,证明此时1缸活塞正处于压缩行程上止点位置。否,分火头应指向分电器盖上的4缸旁电极,证明此时4缸活塞处于压缩行程上止点的位置。

> 提示
>
> 分火头指向1缸或4缸的旁电极,曲轴带轮上的标记与齿带罩上"0"刻度对齐。以上两点则说明发动机的配气正时和点火正时相一致。

第九步 调整气门间隙

气门间隙的调整方法有两种:逐缸调整法和两次调整法。逐缸调整法是按照发动机的点火顺序逐缸进行气门调整。精确度较高,但转动曲轴次数多,耗时过长;两次调整法,转动曲轴次数少(1次360°),耗时少,省力。下面以两次调整法为例,说明气门间隙的调整方法。

1 确定1缸位置之后,2号将φ10mm

套筒、接杆、滑杆传递给1号。1号使用工具旋松1缸进、排气门,2缸进气门,3缸排气门调整螺栓的固定螺母。

💡 提示

(1)JL847型发动机采用单缸4气门(2进2排)SOHC配气机构;

(2)发动机的点火顺序为1-3-4-2;

(3)第一次可同时调整8个气门间隙,即1缸进、排气门,2缸进气门,3缸排气门。

2 1号使用气门调整专用工具固定锁紧螺母并转动气门调整螺栓;2号将厚薄规的规片插入摇臂和凸轮缝隙中并拉动规片。1号、2号配合将气门间隙调整到规定值,最后1号将锁紧螺母的力矩拧紧至12N·m。

💡 提示

(1)气门间隙调整专用工具的使用方法:将套筒套在气门间隙调整螺栓的锁紧螺母上,可用手转动套筒上的手柄,用于固定或调整锁紧螺母松紧度。将旋具插入套筒内转动气门间隙调整螺钉,改变气门间隙的大小。

(2)厚薄规的使用方法:选择适当厚度规片插入气门间隙中,来回拉动规片时感觉稍有阻力,此时的间隙值接近规片厚度值。

(3)气门间隙规定值为:

冷态(冷却液温度15~25℃)时,进气门0.13~0.17mm,排气门0.23~0.27mm;

热态(冷却液温度60~68℃)时,进气门0.17~0.27mm,排气门0.27~0.31mm。

3 第一次气门间隙调整完毕。2号转动曲轴1圈(360°),重新对齐曲轴皮带轮和正时齿带罩上配合标记。

💡 提示

根据发动机的做功顺序,转动曲轴1圈后,此时4缸的活塞位于压缩行程上止点位置,进、排气门均处于关闭状态。分火头指向分电器盖上的4缸旁电极。可以进行第二次气门间隙的调整。

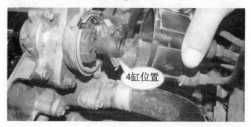

4 1号将φ10mm套筒、接杆、滑杆传递给2号。2号使用工具旋松4缸进、排气门,3缸进气门,2缸排气门调整螺栓的固定螺母。

💡 提示

第二次可同时调整8个气门间隙。

5 1号使用气门调整专用工具;2号使用厚薄规,共同配合将气门间隙调整到规定值。最后1号将锁紧螺母的力矩拧紧至12N·m。

> 提示

(1) 气门间隙专用工具、厚薄规的使用方法,请参阅前文说明,在此不再赘述。

(2) 气门间隙规定值为:

冷态(冷却液温度 15~25℃)时,进气门 0.13~0.17mm,排气门 0.23~0.27mm;

热态(冷却液温度 60~68℃)时,进气门 0.17~0.27mm,排气门 0.27~0.31mm。

第十步 安装气门室罩

1 2号将气门室罩传递给1号。1号将气门室罩安放到汽缸盖上,然后用手旋入气门室罩的6条固定螺栓。

> 提示

安装气门室罩盖之前,要清洁汽缸盖的接触面和检查气门室罩上的密封垫圈是否有老化、破裂等等损伤,如有损伤要更换新品,防止漏油。

2 2号将 φ8mm 套筒、接杆、滑杆传递给2号。1号使用工具将气门室罩上的6条螺栓按照从中间到两端顺序分两遍拧紧力矩至 11N·m。2号接收工具并摆放到工具车上。

> 提示

拧紧气门室罩的固定螺栓时,要按照要求从中间到两端分两遍进行,目的是防止气门室罩变形。

第十一步 安装PCV管和通气管

1号将 PCV 管和通气管分别安装到 PCV 阀和气门室罩上的连接管上。

> 提示

PCV 阀、通气管的作用,请参阅前文说明,在此不再赘述。

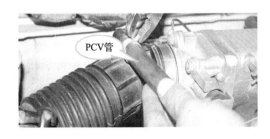

第十二步 安装分缸线

1号将分缸线安装到火花塞上之后,确

认各分缸线上的缸序数字标注或自制区分标记是否与相应汽缸所对应。

💡 提示

（1）各分缸线与汽缸要对应，否则发动机起动困难或难以起动，并伴随回火、放炮的故障现象发生。

（2）分缸线要安装到位，否则会使个别汽缸不工作或工作不良。

第十三步　安装空气滤清器总成

1 1号将空气滤清器总成安放到车身上的支架上。1号将2号传递来的2条螺栓用手旋入螺栓孔内。

2 2号将φ10mm套筒、棘轮扳手传递给1号。1号使用工具将空气滤清器壳与车身连接的两条固定螺栓拧紧。2号接收工具并摆放到工具车上。

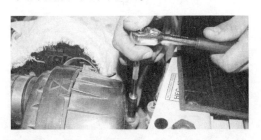

3 1号将进气软管套装到空气滤清器的出气口上。1号使用2号传递来的十字螺丝刀旋紧管箍螺栓。

第十四步　安装翼子板下护板橡胶塞

1号将下护板安装到右翼子板和车身上。

💡 提示

下护板是通过塑料扣安装到翼子板和车身上的，塑料扣仅作一次性使用。

第十五步　安装蓄电池负极搭线

1 1号使用细砂布清洁蓄电池搭线和极柱。

💡 提示

安装蓄电池负极搭线之前，应检查并清洁负极搭线接头、蓄电池极柱上的脏污和腐蚀物，保证两者有良好且足够的接触面积。

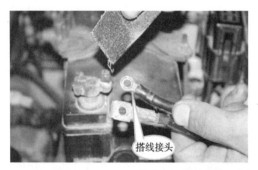

2 2号将8~10mm梅花扳手传递给1号。

3 1号将负极搭线安装到蓄电池的负极柱上,使用梅花扳手拧紧负极搭线的固定螺栓。

> 提示
>
> 蓄电池搭线与极柱间连接要可靠牢固。

否则,因虚接而影响发动机正常起动或车辆颠簸导致发动机熄火。

第十六步 发动机运行检查

降落车辆后,起动发动机,查听发动机运转情况。若仍然有气门敲击声响,应检查摇臂组件和凸轮轴的磨损情况;若发动机运转正常,无气门敲击声响,则调整气门作业完毕。

第十七步 整理工位

参见"整理工位"。

八、考核标准

考核标准表

考核时间	序号	考核项目	满分	评分标准	得分
40min	1	作业前清理工位	2	酌情扣分	
	2	安装保护罩	2	酌情扣分	
	3	打开并支撑机舱盖	2	操作不当扣2分	
	4	拆卸蓄电池搭线	3	操作不当扣3分	
	5	拆卸分缸线	5	操作不当扣5分	
	6	拆卸PCV管和通气管	3	清洁遗漏扣3分	
	7	拆卸气门室罩	6	操作不当扣6分	
	8	拆卸空滤器总成	3	操作遗漏扣3分	
	9	对齐曲轴带轮上的标记	8	操作不当扣8分	
	10	确定1缸或4缸位置	10	操作不当扣10分	

项目十六　检查、调整气门间隙

续上表

考核时间	序号	考核项目	满分	评分标准	得分
40min	11	第一次调整气门间隙	11	操作不当扣11分	
	12	第二次调整气门间隙	11	操作不当扣11分	
	13	安装气门室罩	8	操作不当扣8分	
	14	安装分缸线	6	操作不当扣6分	
	15	安装PCV管和通气管	3	操作不当扣3分	
	16	安装空滤器总成	4	操作不当扣4分	
	17	安装下护板	2	操作不当扣2分	
	18	安装蓄电池搭线	4	操作不当扣4分	
	19	发动机运转检查	5	操作不当扣5分	
	20	作业后整理工位	2	操作不当扣2分	
	21	遵守相关安全规范		因违规操作造成人身和设备事故的,总分按0分计	
		分数合计	100		

项目十七 检查、更换节气门位置传感器

一、项目说明

1. 概述

节气门位置传感器安装在节气门体上,随节气门轴同步转动,主要用来检测节气门的开度和节气门的开闭速率,并将其转换成电信号输出给发动机电控单元(ECU)。它是 ECU 感知负荷大小的输入信号,是作为急速控制、急加速控制、急减速控制、断油控制、异步喷射和点火提前角修正控制的主要修正信号。

节气门位置传感器由于插头锈蚀、镀膜失效、初始位置失准、节气门处积炭脏污等因素,导致输出电压失准、空燃比失调、急速不稳、起步发闷、加速不良等故障发生,给发动机的正常工作带来了严重影响。因此,及时检测或更换节气门位置传感器对改善发动机性能有着非常重要的作用,同时作为一项汽车维护项目也是维修人员应该掌握的操作技能。

2. 节气门位置传感器的类型

根据输出信号特点的不同,节气门位置传感器有线性输出和开关量输出两种类型,多数车型采用线性输出型节气门位置传感器。

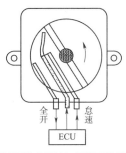

开关量输出型节气门位置传感器

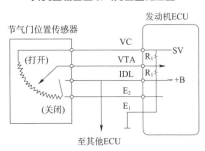

线性输出型节气门位置传感器

3. 节气门位置传感器的结构(AJR 型发动机用)

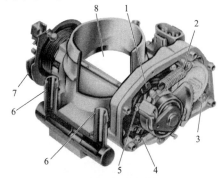

1-节气门定位电位计;2-应急运行弹簧;3-节气门定位器(电动机);4-节气门电位计;5-急速开关;6-热水进出管口;7-节气门拉索滑轮;8-节气门

当节气门位置传感器输入电压 5V 时,其输出 0~5V 渐进随动阶梯电压,与节气门开度成正比,根据其输出的电压值,ECU 可以判断出节气门的开度。

二、技术标准与要求

(1)安装与 AJR 型发动机配套使用的节气门位置传感器。

(2)节气门电位计(G69)插头端子 5 和 7 约 5V;节气门定位电位计(G88)插头端子 4 和 7 约 5V。

(3)正确使用 VAG1552 专用检测仪进行节气门基本设定。

(4)节气门位置传感器输出 0~5V 的随动渐进阶梯电压。

三、实训时间:90min

四、实训教学目标

(1)了解检查、更换节气门位置传感器的重要性;

(2)熟悉节气门位置传感器的类型和工作原理;

(3)熟悉 AJR 型发动机采用的节气门位置传感器的结构;

(4)掌握更换节气门位置传感器的操作技能。

五、实训器材

V. A. G1552 检测仪

鲤鱼钳

节气门体

φ5mm 内六方接头,φ5mm 内六角扳手,接杆,棘轮扳手,接水盆,鲤鱼钳。

六、教学组织

1. 教学组织形式

每辆车安排 4 名学生参与实训,两名学生一组,一组操作,一组观察学习。

2. 学生站位分工和要求

两名学生一组，按照1号、2号进行编号，1号为主，2号辅助。

3. 实训教师职责

讲解操作步骤和注意事项；下达"操作开始"口令；工位间巡视、检查、指导和纠正错误。

4. 学生职责变换

2名学生实行职责变换制度，即第一遍1号为主，2号辅助；第二遍2号为主，1号辅助。

七、操作步骤

第一步 事前准备

参见"事前准备"。

第二步 排放冷却液

参见"项目一 检查、更换冷却液"。

第三步 拆卸发动机装饰罩

1 2号将 φ5mm 内六方接头、接杆、棘轮扳手传递给1号。

2 1号使用工具将发动机装饰罩的4条固定螺栓拧松，用手取下固定螺栓，最后取下发动机装饰罩。

💡 **提示**

拆卸内六角螺栓时，要使用专用工具。禁止使用螺丝刀等工具铣砸螺栓，以免造成螺栓损伤。

3 2号接收1号传递来的工具、螺栓、发动机装饰罩并摆放到工具车、零件车的规定位置。发动机装饰罩摆放如图所示。

💡 **提示**

发动机装饰罩为橡胶材料制成，拆卸或放置时，严禁弯折和重压。

第四步 拆卸空气滤清器盖

1 1号用手取下空气滤清器附近的装饰板。

💡 **提示**

装饰板是由橡胶材料制成的，通过卡孔、承座与车身上的销轴、空调系统中的储液干燥器相配合。取下装饰板时，双手握住装饰板的前后端，同时用力但不要过猛，防止折断。

项目十七 检查、更换节气门位置传感器

2 1号拔下安装在空气滤清器盖上的热膜式空气流量传感器插头。

> **提示**
>
> (1)空气流量传感器用于计量发动机工作时的进气量,为控制单元 ECU 确定供油量提供主要参数。
>
> (2)空气流量传感器的插头与插脚间配合较紧,拔出插头时较为困难,要先用手压下定位器,然后用力向外拉。严禁使用器具别撬或外拉时摇晃插头,容易导致空气流量传感器和插头的损坏。
>
> (3)插拔电器元件电插头时,点火开关应处于关闭状态。

3 1号用手打开空气滤清器盖上的2个压紧卡箍。

> **提示**
>
> 滤清器盖的压紧卡箍是由弹簧钢片制成的,有较好的刚性和弹力。它固定在滤清器的下体上,压紧端通过销轴而浮动,手柄控制压紧端。松开压紧端时,手柄向上扳;拉紧压紧端时,手柄向下压。

4 1号移开滤清器盖。

第五步 拆卸进气管

1 2号将鲤鱼钳传递给1号。

2 2号使用鲤鱼钳松开曲轴箱通气管上的卡箍。

> **提示**
>
> 鲤鱼钳的使用方法,请参阅前文说明,在此不再赘述。

3 1号用手拉出通气管并推离PCV阀接头。

4 1号使用鲤鱼钳松开进气软管与管接头连接端上的卡箍。

> 💡 提示
>
> 拉出进气软管时,使用鲤鱼钳松开卡箍,用手左右晃动并后拉进气软管,双手配合协调,取下进气软管会省力些。

5 2号接收进气软管和空气滤清器盖并摆放到零件车上。

6 1号用手拉出与节气门体相连的进气连接软管。

> 💡 提示
>
> 取下进气连接软管后,注意检查橡胶衬套,以防丢失。橡胶衬套用于保证进气连接软管和节气门体间的可靠密封。

7 2号接收进气连接软管并摆放到零件车上。

第六步 拆卸节气门拉线

1 1号从支架上取下节气门拉线调整锁片。

> 💡 提示
>
> 调整锁片卡在节气门拉线调整螺纹上,防止调整后的节气门拉线松紧度随意改变。

2 1号从支架上脱出节气门拉线橡胶支撑环。

项目十七 检查、更换节气门位置传感器

> **提示**
>
> 节气门拉线橡胶支撑环,通过外圆上加工的凹槽挠性固定在支架上,节气门拉线从其内孔中穿过。

3 1号用手缓慢的逆时针转动节气门拉线滑轮,将节气门拉线上的挡头从滑轮上取下,最后将节气门拉线离开节气门体附近。

> **提示**
>
> (1)转动节气门拉线滑轮时,用力要缓慢均匀。否则容易导致节气门位置传感器损坏。
>
> (2)节气门拉线严禁弯折,否则容易折断。一旦弯曲,应更换新品。

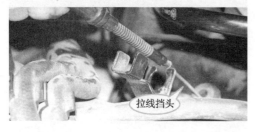

第七步 拆卸节气门拉线支架

1 2号将 φ5mm 内六方扳手传递给1号。

2 1号使用 φ5mm 内六方扳手旋松油门支架上的两条固定螺栓。

> **提示**
>
> 内六角扳手的使用方法,请参阅前文说明,在此不再赘述。

3 2号接收螺栓、支架并摆放到零件车上。

第八步 拆卸节气门位置传感器的电插头

1 2号确认点火开关处于关闭状态。

> **提示**
>
> 拆装电器元件的电插头时要保持点火开关关闭状态。否则,电器元件产生的自感电动势容易损坏发动机电控单元。

2 1号用手取下节气门位置传感器的电插头。

> **提示**
>
> 拔下电插头时,拇指和食指按压卡片,同时用力向上拔即可。禁止使用螺丝刀等类似器具别撬,以免损坏电插头。

第九步 取下油压调节器真空管

1号用手拔下油压调节器与节气门体相接端的真空软管。

> **提示**
>
> (1) 如果真空管用手取下困难,可将棉纱缠绕在与金属管接触的真空管部位,使用鲤鱼钳夹紧缠绕棉纱的真空管,转动橡胶管,待真空管松动后,再用手拉出真空管。
>
> (2) 严禁用手或使用工具直接拉拔真空管。否则,真空管容易损坏。

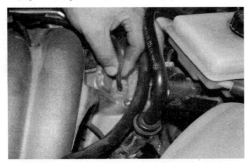

第十步 取下炭罐电磁阀真空管

1号用手取下炭罐电磁阀与节气门体连接端的真空软管。

> **提示**
>
> 真空软管的取下方法和注意事项,与前文所述相同,在此不再赘述。

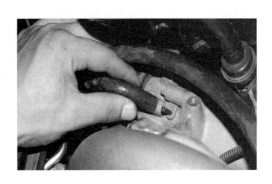

第十一步 拆卸节气门体

1 2号将φ5mm内六角接头、接杆、棘轮扳手组合后传递给1号。

2 1号使用φ5mm内六角接头、接杆、棘轮扳手旋松节气门体上的4条固定螺栓。

> **提示**
>
> (1) 节气门体上有4条固定螺栓,其中下方2条螺栓位置隐蔽,拆卸困难。注意使用工具时,不要碰伤手。
>
> (2) 拆卸螺栓时,要保持工具正直。否则,容易导致螺母和工具滑方,给拆卸节气门体带来困难。

项目十七　检查、更换节气门位置传感器

3 2号接收工具并摆放到工具车上。

4 1号用手取下节气门体。

> 🕐 提示
>
> （1）如果节气门体与座粘接牢固，不容易取下时，可选用木质锤柄轻轻敲击震动，同时要用手扶住节气门体，以防止其掉落损伤。
>
> （2）AJR型发动机采用的节气门位置传感器不允许单独更换，一旦出现故障，需与节气门体整体更换。

5 2号将鲤鱼钳传递给1号。

6 1号使用鲤鱼钳拆卸节气门体下方的两个预热水管。

> 🕐 提示
>
> （1）橡胶软管的拆卸方法，请参阅前文说明，在此不再赘述。
>
> （2）预热水管为防止节气门与轴缝隙中在冬季结冰而设置，保证节气门及其位置传感器在寒冷季节能够正常工作。

7 2号接收节气门体并摆放到零件车上。

第十二步　安装节气门体

1 1号使用棉纱将节气门体及其承座平面清理干净。

> 提示

节气门体及其承座平面,要保持清洁、平整。如果平面上黏附有残余衬垫,可使用刮刀刮除,但不允许在平面上留下划痕。

2 2号将鲤鱼钳传递给1号。

3 1号将预热水管安装到节气门体的管接头上。

> 提示

(1)先用手将其中一根预热水管安装到管接头上,然后使用鲤鱼钳将管箍安装到位,再安装另一根预热水管。

(2)在安装节气门体之前,将预热水管安装到位,可以降低安装预热水管的难度。

4 1号检查节气门体衬垫是否有损坏。有,则更换新品或自制衬垫。

> 提示

节气门体和座之间的衬垫用于补偿两结合面间的平面度误差,起到密封作用。应视情更换。

5 1号在衬垫朝向节气门体的一面上,涂抹适量润滑脂,将其粘贴于新节气门体上。

> 提示

将衬垫粘贴在节气门体上,可以防止在安装节气门体的过程中衬垫脱落或损坏。

6 1号将两条螺栓穿过节气门体及其衬垫,然后将螺栓对正承座上的螺纹孔,用手旋入螺栓。将节气门体定位于承座上,然后安装另外两条螺栓。

> 提示

节气门体由于所处空间狭小,安装比较困难。采用先定位再紧固的方法,节气门体安装会省力些。

7 2号将 φ5mm 内六角接头、接杆、棘轮扳手传递给 1 号。

8 1号使用 φ5mm 内六角接头、接杆、棘轮扳手按照对角线顺序分 2～3 遍,将节气门体的固定螺栓拧紧。

> 提示
>
> 节气门体固定螺栓要按照顺序拧紧,否则容易导致其变形,影响其正常使用性能。

固定螺栓

第十三步 安装节气门拉线支架

1 2号将节气门拉线支架、螺栓传递给 1 号。

2 1号对齐支架及其座上的螺栓孔,用手旋入螺栓。

3 2号将 φ5mm 内六角扳手传递给 1 号。

4 1号使用 φ5mm 内六角扳手将支架固定螺栓拧紧。

第十四步 安装节气门拉线

1 1号用手缓慢的逆时针转动节气门拉线滑轮,将节气门拉线上的挡头安装到滑轮上的承孔内。

> **提示**
> (1) 转动节气门拉线滑轮时,有力要缓慢均匀。否则,容易导致节气门位置传感器损坏。
> (2) 确保节气门拉线上的挡头与滑轮连接可靠。

2 1号将节气门拉线的橡胶支撑环安装到支架上。

> **提示**
> 对齐支撑环上的凹槽和支架上钢片,用手压入到位。

3 1号稍用力拉紧节气门拉线,以拉线滑轮不随之转动为度。

> **提示**
> 节气门拉线松紧度要适当。若拉线过紧,发动机怠速过高,燃油消耗量增加;若拉线过松,节气门不能全开,汽车高速行驶时,发动机动力不足。

4 1号将2号传递来的调整垫片从节气门拉线橡胶支撑环的凹槽插入卡在拉线的调整螺纹上,将节气门拉线固定。

> **提示**
> 橡胶支撑环与支架挠性连接,调整锁片连接橡胶支撑环和节气门拉线,这样节气门拉线被弹性固定。

5 2号进入驾驶室,将加速踏板踩到底。1号观察节气门是否全开。否,调紧节气门拉线。2号放松加速踏板,1号观察节气门是否全闭。否,调松节气门拉线。

> **提示**
> (1) 踏下或松开加速踏板时,动作要轻缓。否则,容易损坏节气门位置传感器。
> (2) 节气门全开和全闭均正常,证明节气门拉线的松紧度适当。

第十五步　安装节气门位置传感器的电插头

1号用拇指和食指捏紧节气门位置传感器电插头,将其推入插孔中。

> 提示
>
> 安装电插头时,要首先确认插头和插孔的对应安装位置,同时要将电插头插接到位,应听到锁止声响。若操作不当,将导致电路连接器损伤以及影响节气门位置传感器正常工作。

第十六步　安装炭罐电磁阀真空管

1号将真空软管插入节气门体上的管接头上。

> 提示
>
> 真空软管的插入方法,与前面所述的橡胶管相同,请参阅前文说明,在此不再赘述。

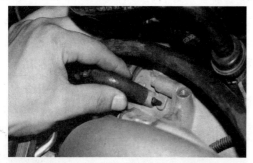

第十七步　安装油压调节器真空软管

1号将真空软管插入节气门体上的管接头上。

> 提示
>
> 真空软管的插入方法,与前面所述的橡胶管相同,请参阅前文说明,在此不再赘述。

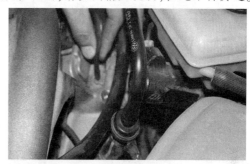

第十八步　安装进气管

1 2号将进气管接头传递给1号。

2 1号确认管接头及其衬垫无损伤后,将其安装到节气门体的进气口上。

> 提示
>
> 安装进气管接头时,要确保安装到位且与节气门体的进气口配合较紧,必要时紧固管箍,确保两者间密封良好。

3 2号将进气软管和空气滤清器盖传递给1号。

4 2号将鲤鱼钳传递给1号。

5 1号使用鲤鱼钳张开管箍,对正进气软管和管接头,用手将进气软管安装到管接头上。

> 提示
>
> 确保进气软管安装到位,管箍紧固可靠,防止漏气发生。

6 1号使用鲤鱼钳张开PCV阀通气管上的管箍,用手将通气管安装到PCV阀接口上。

7 1号将滤清器盖上的销钉插入下体的销孔内,然后将盖与下体扣合,最后把卡箍的浮动端搭在滤清器盖的凹槽内,按下压紧卡箍,将滤清器盖压紧在下体上。

> 提示
>
> 卡箍的浮动端一定要落入滤清器盖的凹槽内,才能够保证滤清器盖可靠压紧空气滤清器芯。

8 1号将电插头安插到空气流量传感器插座上。

> 提示
>
> 电插头要安装到位,应能够听到锁止落座声响。否则,电路虚接将影响空气流量传感器正常工作。

项目十七　检查、更换节气门位置传感器

9 2号将装饰板传递给1号。

10 1号将装饰板安装到车身上。

> 💡 提示
>
> 装饰板是由橡胶材料制成的,通过卡孔、承座与车身上的销轴、空调系统中的储液干燥器相配合。安装装饰板时,双手握住装饰板的前后端,同时用力但不要过猛,防止折断。

第十九步　加注冷却液

1 2号将冷却液桶传递给1号。

2 1号旋下冷却液桶盖,一手握住桶上的手柄,一手托住桶的底部,对准膨胀箱加注口,稍稍倾斜冷却液桶,缓缓地将冷却液倒入膨胀箱内。

> 💡 提示
>
> 加注冷却液时,动作要舒缓,液流不要过急,防止液体洒到膨胀箱的外面;同时要注意观察膨胀箱内的液面,避免液体溢出,造成浪费。

3 1号将膨胀箱内的液面加注到位于上下刻度线的中间位置不再变化为止。

> 💡 提示
>
> 冷却液加注时要注意排放系统内空气,加注量要符合规定要求。

第二十步　连接V.A.G1552检测仪

1 1号用手打开位于变速器手柄下方的诊断座防护罩。

> 💡 提示
>
> 防尘罩通过弹性卡安装在盖板上,取下时,用手向里推挤防尘罩即可。

的插针和安装凸起标记。

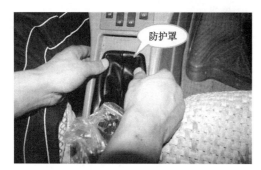

2 2号将V.A.G1552检测仪传递给1号。

> 提示

检测仪是一种精密、贵重的仪器,在传递、接收和使用过程中,要小心谨慎,交接可靠,轻拿轻放,以免造成损伤而导致重大经济损失。

3 2号将检测仪的传输导线传递给1号。

> 提示

传输导线严禁剧烈弯折或作他用,应注意保管和使用。

4 1号确认检测仪传输导线圆头一端

> 提示

传输导线与检测仪连接时,插头和插孔之间有严格相对位置规定。传输导线圆头内孔中的凸起即是安装位置标记。

5 1号确认检测仪插座上的连接标记。

> 提示

插座上的缺口即是与传输导线圆头端凸起标记相配合标记。

6 1号将传输线上的插孔与检测仪上的插座所对应的连接标记对齐后,将插孔安插到插座上,然后将传输线上的防松帽转动并推到插座的外罩上。这样把传输线与检测仪连接起来。

> 提示

两者连接时,要对齐安装记号且插接到位。严禁生插硬推,违规操作。

项目十七　检查、更换节气门位置传感器

7 1号确认传输线扁平端插头上的弹簧卡片所在位置。

> **提示**
> 带有弹簧卡片的插头一侧,可作为插头在诊断座上前后安装标记。

弹簧卡片

8 1号将传输线的扁平插头按照弹簧卡片朝后的方向,插入诊断座孔内。这样传输线和发动机电控单元的诊断座连接起来。

> **提示**
> 传输线的插头要安装到位且可靠。否则,将影响数据传递。

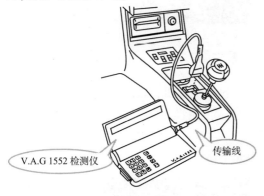

V.A.G 1552检测仪　　传输线

第二十一步　节气门位置基本设定

2号进入驾驶室,将点火开关拨至 ON 位置。

点火开关

(1)选择地址码01"发动机电子控制系统"。屏幕显示:

Test of vehicle systems	HELP
Select function XX	
车辆系统测试	帮助
选择功能 XX	

(2)输入04"基本设定"功能,按 Q 键确认。屏幕显示:

Introduction of basic setting	HELP
Enter display group number XX	
引入基本设定	帮助
输入组别号 XX	

(3)输入需要显示的组别号,可以参见"读测量数据块"部分。这里用 01 显示组来举例图示过程,输入 01 显示组。屏幕显示:

Introduction of basic setting	Q
Enter display group number 01	
引入基本设定	确认
输入组别号 01	

(4)按 Q 键确认。屏幕显示:

System in basic setting 1	→
1　　2　　3　　4	
引入基本设定 1	→
1　　2　　3　　4	

(5)如果全部显示区域都在标准范围内,按一键。屏幕显示:

Test of vehicle systems	HELP
Select function XX	
车辆系统测试	帮助
选择功能 XX	

(6)输入06"结束输出"功能,按 Q 键确认。

第二十二步　取下检测仪 V.A.G1552

1 1号关闭点火开关,停止发动机运

转并将检测仪传输导线的两连接端,用手取下。

> 提示
>
> 取下传输导线两连接端插头时,要用手捏紧插头处并向上用力拔出插头。严禁采用直接拉拔导线或摆晃插头的方法,取下插头。

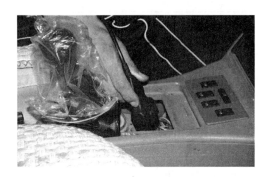

2 1号将检测仪传递给2号。2号将其放置于包装盒内。

> 提示
>
> 传递、接收和使用检测仪的要求,请参阅前文说明,不再赘述。
>
> 检测仪要妥善保管,防振动、防重压。

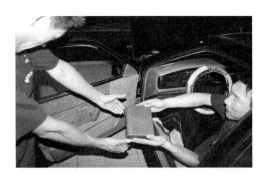

3 1号将传输导线传递给2号。

> 提示
>
> 传输导线严禁剧烈弯折,应注意保管和使用。

4 1号将变速器手柄下方的防护罩安装到位。

> 提示
>
> 防护罩用于保护电控系统诊断座,既可防止尘埃、潮湿空气等污染侵蚀诊断座,又避免杂物损伤诊断座。因此,防护罩出现破损,要换新品,并且保证安装到位。

第二十三步 发动机运行检查

起动发动机,观察怠速运转稳定性,急加速、减速响应性是否正常。如果均正常(排除其他因素),则节气门位置传感器更换完毕。

第二十四步 整理工位

参见"整理工位"。

八、考核标准

考核标准表

考核时间	序号	考核项目	满分	评分标准	得分
90min	1	作业前清理工位	2	酌情扣分	
	2	打开并支撑机舱盖	3	打不开或支撑点错误扣3分	
	3	安装保护罩	3	操作不当酌情扣分	
	4	排放冷却液	4	操作不当扣4分	
	5	举升、降落车辆	5	操作不当扣5分	
	6	拆装发动机装饰罩	4	操作不当扣4分	
	7	拆装空滤器盖	2	操作不当扣2分	
	8	拆装进气管	7	操作不当扣7分	
	9	拆装节气门拉线	10	操作不当扣10分	
	10	拆装节气门拉线支架	2	操作不当扣2分	
	11	拆装空气流量传感器电插头	3	操作不当扣3分	
	12	拆装炭罐电磁阀、油压调节器真空管	2	操作不当扣2分	
	13	拆装节气门体和节气门位置传感器	15	操作不当扣15分	
	14	拆装预热水管	6	操作不当扣6分	
	15	加注冷却液	3	操作不当扣3分	
	16	连接V.A.G1552检测仪	4	操作不当扣4分	
	17	节气门位置基本设定	15	操作错误扣15分	
	18	取下V.A.G1552检测仪	4	操作不当扣4分	
	19	发动机运行检查	4	检查遗漏扣4分	
	20	作业后清理工位	2	酌情扣分	
	21	遵守相关安全规范		因违规操作造成人身和设备事故的,总分按0分计	
		分数合计	100		

项目十八　发动机尾气排放检测

一、项目说明

随着汽车保有量的迅速增加,汽车废气污染已成为主要的大气污染源。汽油车排放污染物以CO(一氧化碳)、HC(碳氢化合物)、NO_x(氮氧化合物)等为主。使用含铅汽油作燃料时,废气中还有含铅化合物。

现代汽车广泛采用汽车尾气排放控制技术来降低汽车尾气排放污染,如TWC系统(三元催化系统)、EGR系统(废气再循环控制系统)、AI系统(二次空气喷射系统)等。

一般来说,随着汽车使用年限或行驶里程的增加以及技术状况的恶化,汽车尾气排放量会增加。因此,加强对汽车的日常维护和定期检查,是改善汽车排放的重要措施。在汽车检修过程中,通常使用废气分析仪(俗称尾气分析仪)来测量发动机排气管中各种有害气体含量,根据检测数据,分析发动机的技术状况,确定维修内容,改善发动机的使用性能,降低汽车尾气中有害气体的排放指标。

二、技术标准与要求

(1)正确连接和使用NHA500尾气分析仪;

(2)桑塔纳2000GSi型轿车发动机在怠速工况下,排放成分的标准是:CO体积含量小于1.5%,HC体积含量小于0.06%;

(3)发动机冷却水温度高于85℃,机油温度高于78℃时,方可进行汽车尾气检测;

(4)发动机处于怠速工况、变速器位于空挡或P挡位置,加速踏板处于松开状态下,方可进行汽车尾气检测;

(5)进气系统安装有空气滤清器,排气系统有排气消音器,并不得有泄漏现象;

(6)对于多排气管汽车,测量值取各排气管的测量平均值。

三、实训时间:45min

四、实训教学目标

(1)了解汽车尾气检测的重要性;
(2)掌握NHA500尾气分析仪的使用方法;
(3)掌握汽车尾气分析思路。

五、实训器材

桑塔纳 2000GSi 型轿车

华 NHA500 尾气分析仪

φ5mm 内六角接头，
接杆，
棘轮扳手。

六、教学组织

1. 教学组织形式

每辆车安排 4 名学生参与实训，两名学生一组，一组操作，一组观察学习。

2. 学生站位分工和要求

两名学生一组，按照 1 号、2 号进行编号，1 号为主，2 号辅助。

3. 实训教师职责

讲解操作步骤和注意事项；下达"操作开始"口令；工位间巡视、检查、指导和纠正错误。

4. 学生职责变换

2 名学生实行职责变换制度，即第一遍 1 号为主，2 号辅助；第二遍 2 号为主，1 号辅助。

七、实训步骤

第一步 事前准备

参见"事前准备"。

第二步 拆卸发动机装饰罩

1 2 号将 φ5mm 内六方接头、接杆、棘轮扳手传递给 1 号。

2 1 号使用工具将发动机装饰罩的 4 条固定螺栓拧松，用手取下固定螺栓，最后取下发动机装饰罩。

提示

拆卸内六角螺栓时，要使用专用工具。禁止使用螺丝刀等工具铣砸螺栓，以免造成螺栓损伤。

3 2 号接收 1 号传递来的工具、螺栓、发动机装饰罩并摆放到工具车、零件车的规定位置。发动机装饰罩摆放如图所示。

> 提示

发动机装饰罩为橡胶材料制成,拆卸或放置时,严禁弯折和重压。

第三步 连接尾气分析仪

1 1号将尾气分析仪摆放到操作台上。

> 提示

尾气分析仪是一种精密、贵重的测量仪器,在使用过程中要轻搬轻放、规范操作、妥善保管。

2 2号将机油温度测量导线传递给1号。

机油温度测量导线

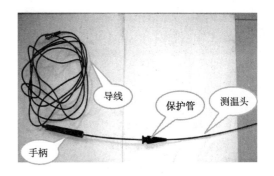

3 1号将机油测量导线的插头插入尾气分析仪后面板上的相应插孔中。

> 提示

(1)插孔的上端标注有"油温"字样,便于识别,以防插接错误。

(2)插入插头时,先拉锁止环,然后对正插头上的条形凸起和插孔内的凹槽,水平用力将插头推入到位,最后对齐锁止环上的突块和插孔保护罩上的凹槽,前推并转动锁止环将导线固定。

4 2号取出机油标尺并观察油面高度,然后擦净标尺上的机油。

> 提示

(1)取出机油标尺时,不要将机油滴落到车身或发动机上。

(2)发动机内机油存量要适当,若过少应添加补充,保证导线上的测温头能够浸没到机油中。

5 2号将机油标尺摆放到零件车上。

6 1号将导线上的保护管插入机油标尺套筒内。

> 提示

(1)保护管应可靠插入机油标尺导管内。

(2)导线和保护管,严禁剧烈弯折。否则容易造成损坏。

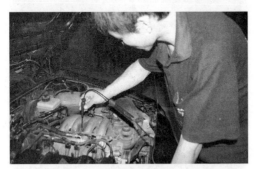

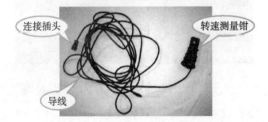

7 2号将转速测量钳及其导线传递给1号。

8 1号将转速测量导线插头插入尾气分析仪后面板上的相应插孔中。

> 提示

(1)插孔的上端标注有"转速"字样,便于识别,以防插接错误。

(2)插入插头时,对正插头上的凹槽和插孔内的条形凸起,水平用力将插头推入到位,最后用手旋紧连接插头的压帽。

9 1号将转速测量钳夹持于发动机1缸分缸线上。

> 提示

(1) 握紧测量钳柄,张开钳口,将分缸线置于钳口中,松开钳柄,缸线被夹紧。

(2) 测量钳上有"↑"箭头标记,指示测量钳朝向火花塞方向。

"↑"箭头标记

取样管及取样探头

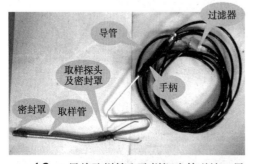

过滤器
导管
取样探头及密封罩
手柄
密封罩
取样管

10 2号将取样管和取样探头传递给1号。

11 1号用手旋下压紧螺母,然后将软管穿过螺母,再将软管插入尾气分析仪后面板的样气入口上,最后用手旋紧压紧螺母,将软管压紧于样气入口上。

仪器电源线

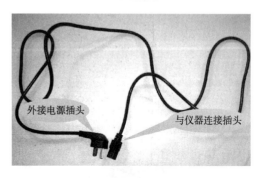

外接电源插头　　与仪器连接插头

12 2号将电源线传递给1号。

13 1号将电源线连接插头插入尾气分析仪后面板上的插孔上。

项目十八　发动机尾气排放检测

14 1号将电源线的外接插头插入220V交流电源插座上。

> 提示
>
> 插拔高压电源插头时，严禁手上粘有水、油等导电物质，以免发生触电危险。

第四步　运转发动机

1 2号进入驾驶室，横向摆动变速器挡位控制手柄，确认变速器处于空挡位置。

> 提示
>
> 发动机带挡起动属于违规操作，危险性极大。因此，发动机起动之前，应将变速器控制手柄置于空挡（N挡）或驻车挡（P挡）位置。

2 2号打开点火开关，起动发动机并保持怠速运转。

> 提示
>
> （1）起动发动机，提高发动机的水温和油温，为汽车尾气测量做好准备。
> （2）起动发动机时，注意安全确定。1号、2号配合口号"起动"和"正常"。

第五步　汽车尾气测量

1 1号打开位于尾气分析仪后面板下方的电源开关。

尾气分析仪前面板说明：
1. "S"键（水平移动光标）
2. "K"键（确认）
3. "▲"键（上移光标）
4. "▼"（下移光标）
5. 显示屏（显示中文菜单和测量数据）

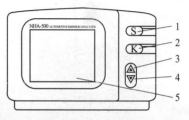

2 开电源开关后，仪器显示屏下部出现提示："正在预热，……×××秒"。

> 提示

(1) 预热时间以倒计时方式显示,总计600s。

(2) 预热时间600s仅是仪器工作在环境温度20℃左右时的指标。环境温度高于20℃时,预热时间缩短,反之,预热时间将延长。只要达到了预热后的技术性能要求,仪器将自动结束预热状态。

3 仪器预热结束后,自动进入"泄漏检查"子菜单,检查气路系统是否有泄漏。此时,显示屏下部出现提示:"用密封套堵住探头,然后按K键"。

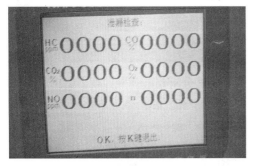

4 1号将密封套套装到探头上。

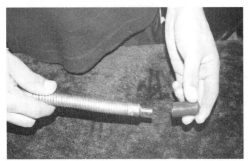

5 1号按照仪器提示,按下K键后,显示屏下方出现提示:"正在检漏,……×××秒"。

> 提示

(1) 预热时间以倒计时方式显示。

(2) 检漏完毕,如有泄漏,将出现提示:"有泄漏,请检查,按K键再检……";如无泄漏,会出现提示:"OK,按K键退出。"

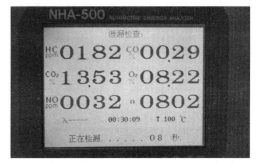

6 检漏完成后,仪器自动调零,显示屏下部出现提示:"正在调零,请等待……"

> 提示

调零完成,显示屏右下角会显示:"OK"。显示屏进入主菜单;如果调零不正常,显示屏下部将显示:"调零错误,请查看状态"。几秒钟后,显示屏进入主菜单。

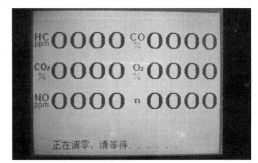

7 调零完成后,显示屏上部是提示区,中部是HC、CO、CO_2、O_2、NO、n(转速)、λ(过量空气系数)、T(机油温度)的实时测量值显示区,下部是"测量""调零""校准""检漏""设置"5个子菜单选项。

项目十八　发动机尾气排放检测

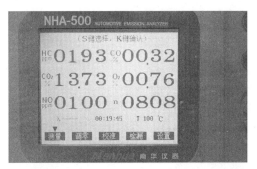

8 1号选择 S 键,移动光标至"设置"子菜单,按下 K 键选择。

9 显示屏上将显示:测量方式、冲程、燃料种类、点火方式、开机检漏、退出六个选项。

10 1号使用"▼▲"键上下移动光标,选择相应选项;使用 S 键左右移动光标,选择选项中相应内容;使用 K 键,对选项确认。

💡 提示

测量方式:(也可选用怠速或双怠速)。
冲程:四冲程。
燃料种类:汽油。
点火方式:二次(AJR 型发动机采用无分电器点火系统)。

开机检漏:有。

```
（用▲▼S 键选择,K 键确认）
测量方式：    通用 ✓怠速    双怠速
冲程          ✓ 四冲程      二冲程
燃料种类：✓   汽油          液化气
点火方式：    单次          ✓二次
▶开机检漏：  ✓ 有           无
退出
```

11 设置完成后,显示屏退回主菜单。1号使用"S"键移动光标至"测量",按下"K"键选择。仪器根据预先设置的测量方式,开始进行测量。此时,仪器的气泵将起动运转,显示屏下部提示:"请插入取样探头……"

💡 提示

发动机冷却液温度 85℃、机油温度 78℃(数值可重新设置)以上的条件下,方可进行汽车尾气测量。

12 2号将取样管和探测头传递给 1号。

13 1号用手握住手柄将取样管和探测头插入汽车排气管中。

💡 提示

(1)取样管插入排气管后,通过弹性夹将其支撑于排气管内。

(2) 取样管的插入深度为 400mm。

14 探测头插入排气管后，显示屏出现提示："正在取样，……秒"。

> 提示
>
> 取样时间总计 45s，其中前 15s 为预备阶段，后 30s 为实际取样阶段。

15 取样结束后，仪器显示屏上将显示发动机运转状态下待检参数的实测值。"测量完成"界面，下部显示"打印"、"退出"两个选项。可按下"S"键，移动光标至"打印"，然后按下"K"键选择，将检测结果打印出来。同时光标自动回到"退出"选项上。

> 提示
>
> (1) 将实测值与桑塔纳 2000GSi 型 AJR 型发动机尾气排放标准值进行对照，确定该车型的尾气排放是否符合要求。
>
> 标准值是：CO 体积含量小于 1.5%，HC 体积含量小于 0.06%。
>
> 实测值是：CO 体积含量小于 0.34%，HC 体积含量小于 0.0184%。
>
> 如果实测值高于标准值，依据 CO、HC 的生成机理，分析产生原因，检查发动机电气系统或机械系统，最终确定维护作业内容。

(2) 根据显示屏上的提示改变发动机转速。

汽车尾气排放中有害气体的形成与空燃比、点火时刻、发动机的结构、转速和负荷等因素有关，其中以空燃比和点火时刻影响最大。

当低于理论空燃比 14.7 时，排气中的 CO 浓度急剧上升；反之空燃比在 16 左右时，趋于稳定且数值很低。可燃混合气越浓，CO 生成量越大。

当空燃比在 17 以内时，随空燃比增大，HC 便下降。但可燃混合气过于稀薄时，HC 生成量急剧上升。

当可燃混合气很浓时，NO_x 生成量较低。空燃比为 15.5~16 时，NO_x 生成量最多。

适当推迟点火时刻，HC 的排放将减少；在任何转速和负荷下，提前点火时刻，都将会增加 NO_x 生成量。

16 1 号按下"K"键，光标回到"测量"项。此时，可进行第二遍测量或选择其他测量方式进行尾气检测。

第六步　断开仪器与车辆连接

1 测量完成后，2号关闭汽车点火开关，停止发动机运转。

2 1号从排气管中取出取样管放置于操作台上。

◆ 提示

取样管及探头温度较高，注意防止烫伤。

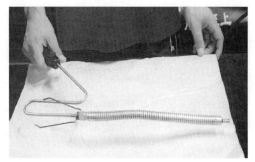

3 1号取下发动机转速测量导线并传递给2号。

4 1号取下机油温度测量导线并传递给2号。

5 2号将导线放置于包装盒中。

◆ 提示

导线应放置于包装向内，严禁剧烈弯折。否则，容易造成损坏。

6 2号将机油标尺插入发动机上的导管内。

◆ 提示

机油标尺要插入到位。

7 1号按下S键，选择"设置"项，并进入子菜单，操作相关功能键，使仪器处于测量状态（此时仪器的气泵运转）10min左右。同时，将取样管放置于洁净空气中，让洁净

空气进入仪器,吹净管道内残留的排放气体。

8 1号关闭仪器后面板上的电源开关,取下取样软管、电源导线,传递给2号。

9 2号将电源导线、取样管、尾气分析仪妥善放置于包装盒中。

🕒 提示

尾气分析仪是一种精密且贵重测量仪器,在使用过程中要轻搬轻放、规范操作、妥善保管。

第七步 安装发动机装饰罩

1 2号将发动机装饰罩传递给1号。

2 1号将装饰罩安放到发动机上并对齐螺栓孔。

3 2号将固定螺栓传递给1号。1号用手旋上发动机装饰罩固定螺栓。

🕒 提示

由于发动机装饰罩上的螺栓孔较深,直接用手难以旋入螺栓,可借助 $\phi 5mm$ 内六角扳手和接杆。

第八步 整理工位

参见"整理工位"。

八、考核标准

考 核 标 准 表

考核时间	序号	考核项目	满分	评分标准	得分
40min	1	作业前清理工位	3	酌情扣分	
	2	打开并支撑机舱盖	4	打不开或支撑点错误扣4分	
	3	拆卸发动机装饰罩	5	操作不当扣5分	
	4	连接仪器油温测量导线	5	操作不当扣5分	
	5	连接仪器转速导线	5	操作不当扣5分	
	6	安装取样管	5	操作不当扣5分	
	7	连接仪器电源导线	5	操作不当扣5分	
	8	起动发动机	3	操作不当扣3分	
	9	仪器前面板功能说明	7	说明错扣7分	
	10	仪器预热	6	操作不当扣6分	
	11	仪器气路检漏、调零	5	操作不当扣5分	
	12	选择测量方式	10	操作错扣10分	
	13	测量汽车尾气	4	操作不当扣4分	
	14	读取汽车尾气中CO/HC含量值	8	读数错误扣8分	
	15	断开仪器连接	7	操作不当扣7分	
	16	清洁取样管	7	操作错误7分	
	17	仪器存放保管	4	存放不当扣4分	
	18	安装发动机装饰罩	4	操作不当扣4分	
	19	作业后整理工位	3	酌情扣分	
	20	遵守相关安全规范		因违规操作造成人身和设备事故的,总分按0分计	
		分数合计	100		

项目十九　检查润滑系统渗漏情况或清洗润滑系统

一、项目说明

机油在发动机油路中循环流动,起到润滑、清洗、冷却、密封以及降低冲击与振动、减轻机件腐蚀的作用,它对发动机工作性能有着很大影响。然而,由于发动机的磨损、过热、使用劣质机油以及不按照规定时间或行驶里程更换机油和滤清器等因素,致使发动机润滑油中形成积炭、油渍、金属屑等并粘附于油道内壁上,导致润滑系统油压下降、油孔堵塞、机件磨损加剧,给发动机的正常使用带来严重危害。所以,应定期清洗发动机润滑油路,保持润滑油路清洁畅通。

现在广泛采用免拆清洗润滑油路的方法,来清除油路内的积炭、油渍和金属屑等,不仅清洁效果好而且省时省力。下面以 GD-QX-201A 润滑油路清洗机为例,来说明免拆清洗发动机润滑油路的操作方法。

二、技术标准与要求

规格/型号	动力系统	工作压力	质量	外形尺寸
GD-QX-201A	直流12V 电源	414kPa	30kg	100cm×40cm×30cm

三、实训时间:45min

四、实训教学目标

(1)了解润滑油路清洗的重要性;
(2)熟悉 GD-QX-201A 润滑油路清洗机的使用方法;
(3)掌握免拆清洗润滑油路的操作技能。

五、实训器材

清洗机

机油回收桶

机油回收桶，
φ19mm 套筒，
预紧力扳手，
机滤器专用扳手，
接杆，
废件回收桶，
桑塔纳2000GSi型轿车，
16～17mm梅花扳手。

六、教学组织

1. 教学组织形式

每辆车安排4名学生参与实训，两名学生一组，一组操作，一组观赏学习。

2. 学生站位分工和要求

两名学生一组，按照1号、2号进行编号，1号为主，2号辅助。

3. 实训教师职责

讲解操作步骤和注意事项；下达"操作开始口令"；工位间巡视、检查、指导和纠正错误。

4. 学生职责变换

2名学生实行职责变换制度，即第一遍1号为主，2号辅助；第二遍2号为主，1号辅助。

七、操作步骤

第一步 事前准备

参见"事前准备"。

第二步 预热发动机

1 1号进入驾驶室，拉开发动机舱盖释放栓。

2 1号摆动变速器换挡杆手柄，确认变速器处于空挡（N挡）位置或驻车挡（P挡）位置。

提示

（1）防止带挡操作造成人身或设备损伤；

（2）自动挡车辆带挡起动时会造成无法起动。

3 1号确认驻车操纵手柄处于拉起位置。

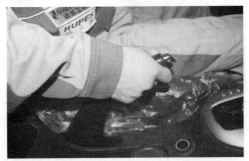

⊙ 提示

确保车辆、设备和人员安全。

4 1号打开点火开关,检查仪表台各指示灯及仪表显示是否正常。

⊙ 提示

仪表显示异常时,要先排除故障再起动发动机。

5 2号检查机油液位是否正常。

⊙ 提示

液位不足,不能起动车辆。

6 2号检查冷却液位是否正常。

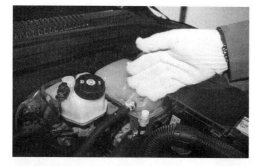

⊙ 提示

液位不足,不能起动车辆。

7 2号检查蓄电池电压是否正常。

⊙ 提示

电压不足,不能起动车辆。

8 1号、2号确保车辆和人员安全后,起动发动机并保持怠速运转3~5min。

⊙ 提示

起动发动机时,1号、2号必须相互配合,确保车辆和人员处于安全状况下方可起动车辆。

9 发动机运转期间注意水温表指示数值,当水温达到80℃时,关闭点火开关,停止发动机运转。

⊙ 提示

发动机预热后,机油黏度变小,有利于发动机润滑油排放彻底。

第三步 检查泄漏

1 1号打开发动机舱盖,检查气门室

项目十九　检查润滑系统渗漏情况或清洗润滑系统

罩垫处、加油口处等是否存在漏油现象。

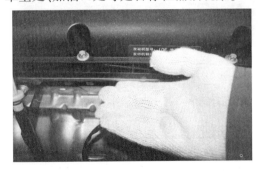

> **提示**
> 如漏油,要检查故障点,确认维修方案,排除此故障后方可继续往下操作。

2 用布清洁加注口周围,拆卸机油加注口盖后,将机油加注口用干净的布盖上。(防止有杂物进入)。

3 将车辆举升到合适位置后,检查曲轴前后油封、排放塞、油底壳衬垫等处是否有机油泄漏现象。

> **提示**
> 如漏机油,确认修理方案,修复后才能更换机油。

第四步　排放机油

1 2号将机油回收桶推置于发动机油底壳排放塞的正下方。

> **提示**
> (1)使用机油回收桶之前,观察机油回收桶内的存油量,防止接油时,因容量所限而机油溢出。
> (2)根据机油排放塞的位置和方向适当调整机油回收桶的位置,防止拆掉排放塞时有机油溅到地面上。

2 2号将滑杆、变径接头、TX45组装好后传递给1号。

3 1号使用工具旋松放油螺栓。

> 提示
>
> 拧松排放塞时,工具使用要规范,分清旋向,用力均匀。

4 1号用食指稍推着排放塞,拇指和中指缓缓旋出排放塞,确认螺纹全部旋出后,急速移开排放塞,将机油流入回收桶内。

> 提示
>
> (1)注意拧下机油排放塞时要小心,不要将排放塞掉入机油回收桶里。
> (2)溅到桶外的机油要随时擦干净。

第五步 拆卸机油滤清器

1 降下车辆,将车辆降落到车轮接触到地面时停止降车,关闭举升机电源。在机油滤清器的正下方放置接油盘。

> 提示
>
> 防止拆掉机油滤芯时机油滴落到地面上。

2 1号接过2号递过来的滑杆、φ24mm的套头拧松机油滤清器。

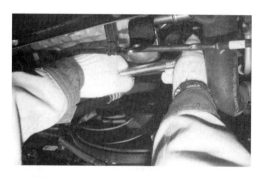

> 提示
>
> 在拧松力矩较大的螺栓时,尽量不要使用快速扳手或扭力扳手,以免造成损坏。

3 1号将工具换成大快速、接杆和φ24mm套头拧松至剩下1~2圈螺纹之后,把工具回递给2号。

4 1号用手拧下滤清器。将滤芯和密封圈扔进垃圾桶。

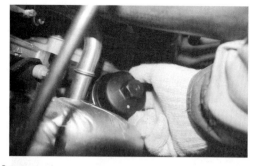

> 提示
>
> 垃圾分类存放。

第六步 连接润滑油路清洗机

1 2号将与油底壳排油口螺纹相同的接头传递给1号。

项目十九 检查润滑系统渗漏情况或清洗润滑系统

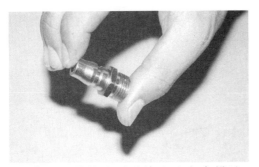

2 1号将接头用手旋入油底壳排油口螺纹上。

3 2号将16~17mm梅花扳手传递给1号。

4 1号使用16~17mm梅花扳手拧紧接头。

5 1号将黑色回油管通过快速接头与油底壳上的接头连接起来。

提示

将清洗机上的回油管与发动机排油孔连接完毕,应使用棉纱擦净管接头处的油液,便于进行泄漏检查。

6 1号在滤清器座连接头的密封圈上均匀涂抹一薄层机油。

提示

在滤清器座连接头密封圈上均匀涂抹机油的目的是增强密封效果。

7 1号将连接头旋入机油滤清器座上并用手拧紧。

8 1号通过快速接头将黄色油管与滤清器座上的接头连接起来。

提示

将清洗机上的进油管与机油滤清器座连接完毕,应使用棉纱擦净管接头处的油液,便于进行泄漏检查。

213

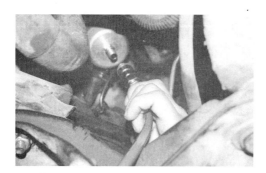

9 1号将清洗机上的黑、红导线通过鳄鱼夹与蓄电池的负、正极柱可靠连接起来。

⏱ **提示**

发动机润滑油路清洗机,是利用汽车上的蓄电池(12V)为电动机电源。所以,在进行润滑油路清洗时,应保证蓄电池电能充足。

第七步 清洗润滑油路

1 1号检查清洗机的储液桶内清洗液存量。

⏱ **提示**

清洗液量不足,不能够建立足够清洗压力,难以完成清洗作业。一般清洗液不得少于2L。

2 1号将转换开关向右旋转至极限位置。

3 1号右旋电源开关,此时电动机运转,清洗液注入润滑油路内。

⏱ **提示**

电动机运转,将清洗液从储液桶中吸出注入发动机润滑油路内。

4 1号左旋电源开关,停止电动机运转。

5 1号将转换开关向左旋转至极限位置。

项目十九　检查润滑系统渗漏情况或清洗润滑系统

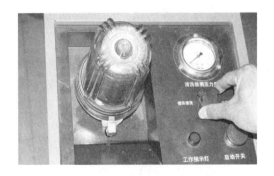

6 1号打开电源开关。此时电动机运转,开始清洗润滑油路。

> 提示
>
> (1) 此时电动机带动油泵,使清洗液在发动机油路和油底壳之间循环流动,将油道内壁上的积炭、金属屑等清理干净。此时过滤杯中有油液流动。
>
> (2) 注意观察油管连接处是否有油液泄漏。
>
> (3) 清洗时间一般为 10~20min。

第八步　回收清洗液

1 清洗完毕,关闭电源开关。1号取下机油滤清器座连接头上的黄色进油管。

> 提示
>
> 取下油管时,注意不要将油液撒落到身上和地面上。

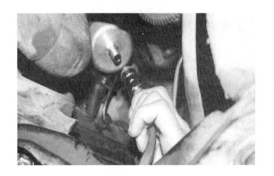

2 1号将适当的连接头插入黄色进油管的快速接头内,并将油管口置于回收桶内。

> 提示
>
> 油管的快速连接头内为一阀门,在没有连接的情况下,阀门处于关闭状态。

3 1号打开电源开关,运转电动机,清洗液被注入回收桶中。直到过滤杯中无油液流动时为止,然后关闭电源开关,取出油管上的连接头。

> 提示
>
> 此时油泵将油液从发动机的油底壳输送到回收桶内,发动机油路内没有油液循环。

第九步　拆除清洗机的连接管路

1 1号取下油底壳上的黑色油管并传递给2号。

> 提示
>
> 取下油管时，注意不要将油液撒落到身上和地面上。

2 2号将16~17mm梅花扳手传递给1号。

3 1号使用16~17mm梅花扳手将发动机油底壳上的连接头拧松，并用手旋下。

> 提示
>
> 取下连接头时，会有少量油液流出，可在排油口的下方放置接油盒。

4 2号将清洗机上的进回油管，放置于清洗机的储物箱中。

5 2号将回收桶放入储物箱中并关闭储物箱。

第十步　安装放油螺栓

1 用棉纱布清洁排放塞，清洁干净后更换排放塞垫圈。

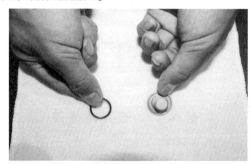

> 提示
>
> 更换新的密封圈之后需涂抹新的机油。

2 当油底壳的排油孔不再滴油时，1号用棉纱布清洁排放塞孔，清洁干净后用手旋入排放塞。

项目十九　检查润滑系统渗漏情况或清洗润滑系统

第十一步　安装机油滤清器

1 将新的密封圈安装到滤清器盖上并均匀涂抹机油。

2 清洁机油滤清器座。

3 将新的机油密封圈和新的机油滤清器安装到位。

提示

机油一定要排放干净,并检查排放塞座孔处的螺纹是否完好。

3 2号将扭力扳手、TX45 组装后传递给1号。

4 1号将机油排放塞以 14 N·m 力矩拧紧,然后用棉纱布清洁油底壳油迹。

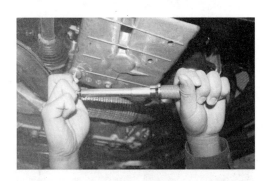

提示

注意螺栓旋转方向。

5 2号确认举升机周围安全,操作举升机按钮,降下车辆。

4 2号将扭力扳手、φ24mm 套筒组装并将拧紧力矩调整到 25N·m 后传递给 1号。

5 1号将滤清器拧到规定力矩。

6 清洁机油滤清器表面及滤清器座。

第十二步 加注发动机油

1 1号确认该车型所用机油型号。

提示

目前,市场上的发动机机油分为矿物机油和合成机油。与矿物油相比,合成油的抗高温氧化、抗黏度变化、抗磨损能力更强。

2 旋下机油桶盖,把机油加注口的布拿走。对准加油口,倾斜机油桶,缓慢加注机油。

提示

科鲁兹 LDE 发动机机油标准加注量为 4.5L;加注时要随时检查机油桶内剩余油量,不要过量或将机油倒洒到外面。

3 加注完毕后,旋紧加油口盖。

第十三步 运转发动机

1 1号、2号配合确认车辆和人员安全

项目十九　检查润滑系统渗漏情况或清洗润滑系统

后,起动车辆。

> **提示**
> 注意换挡杆、驻车制动手柄的位置。

2 起动发动机并运转 3～5min,在上方观察机油滤清器处是否漏油。

3 将车辆举升到适当的高度,检查排放塞、机油滤清器等处是否漏油。

4 将车辆平稳降落到地面上,再次检查机油油位是否正常。

第十四步　整理工位

参见"整理工位"。

八、考核标准

考核标准表

考核时间	序号	考核项目	满分	评分标准	得分
40min	1	清理工位、清点工具	2	酌情扣分	
	2	观察车辆在工位的停驻位置	3	检查不到位扣3分	
	3	检查变速器是否位于空挡	4	检查不到位扣4分	
	4	检查驻车制动器是否工作	3	检查不到位扣3分	
	5	打开并支撑机舱盖	3	操作不当扣3分	
	6	安装保护罩	5	操作不当酌情扣分	
	7	起动车辆时,挡位检查	4	检查不到位扣4分	
	8	粘贴或安装保护罩	4	操作不到位酌情扣分	

续上表

考核时间	序号	考核项目	满分	评分标准	得分
40min	9	拆卸排油塞	5	操作不当扣5分	
	10	拆卸机油滤清器	5	操作不当扣5分	
	11	连接清洗机上的回油管	5	操作不当扣5分	
	12	连接清洗机上的进油管	5	操作不当扣5分	
	13	发动机润滑油路清洗	15	操作不当扣15分	
	14	回收清洗液	5	操作不当扣5分	
	15	拆除清洗机与发动机的连接	4	操作不当扣4分	
	16	安装排油塞	6	操作不当扣6分	
	17	安装机油滤清器	7	操作不当扣7分	
	18	加注机油	6	操作不当扣6分	
	19	机油的添加或检漏	7	操作不当扣7分	
	20	作业后清理工位	2	操作不当扣2分	
	21	遵守相关安全规范		因违规操作造成人身和设备事故的,总分按0分计	
		分数合计	100		

项目二十 检查燃油系统渗漏情况或清洗燃油系统

一、项目说明

以汽油、柴油、甲醇为燃料的汽车上,由于燃料中含有杂质、胶质等物质,在汽车长期使用过程中,燃料中的这些杂质、胶质会粘附于燃料供给管壁上或悬浮在燃料中,致使燃料污染、喷油器堵塞等现象发生,这既影响了燃料在发动机汽缸内的燃烧质量,使发动机的动力性下降,经济性变差;又将导致发动机的机件磨损加剧,缩短发动机的使用寿命。因此,应定期清洗发动机的燃油油路,及时清除油路中的杂质、胶质等,以保证发动机正常的工作性能和汽车的使用性能。

现在广泛采用免拆清洗燃油油路的方法,来清除油路内的杂质、胶质,以及发动机燃烧室内积炭等,不仅清洁效果好而且省时省力。下面以GD-QX-100A气动免拆清洗机为例,来说明免拆清洗发动机燃油油路的操作方法。

二、技术标准与要求

产品型号	产品尺寸	储油桶容积	动力系统
GD-QX-100A	100cm×40cm×30cm	2L	8kPa 压缩空气
适用机型	气动隔膜泵额定流量	维护里程	清洗时间
汽油机、柴油机	28.5L/min	5000km/次	30~60min

三、实训时间:45min

四、实训教学目标

(1)了解燃油油路清洗的重要性;
(2)熟悉GD-QX-100A燃油油路清洗机的使用方法;
(3)掌握免拆清洗燃油油路的操作技能。

五、实训器材

燃油油路清洗机

灭火器

接杆，棘轮扳手，鲤鱼钳，吹气枪，φ5mm 内六方接头，14～15mm 开口扳手，16～17mm 开口扳手，桑塔纳 2000GSi 型轿车。

六、教学组织

1. 教学组织形式

每辆车安排 4 名学生参与实训，两名学生一组，一组操作，一组观察学习。

2. 学生站位分工和要求

两名学生一组，按照 1 号、2 号进行编号，1 号为主，2 号辅助。

3. 实训教师职责

讲解操作步骤和注意事项；下达"操作开始"口令；工位间巡视、检查、指导和纠正错误。

4. 学生职责变换

2 名学生实行职责变换制度，即第一遍 1 号为主，2 号辅助；第二遍 2 号为主，1 号辅助。

七、操作步骤

第一步 事前准备

参见"事前准备"。

第二步 拆卸发动机装饰罩

1 2 号将 φ5mm 内六方接头、接杆、快速扳手传递给 1 号。

2 1 号使用工具将发动机装饰罩的 4 条固定螺栓拧松，用手取下固定螺栓，最后取下发动机装饰罩。

> 提示
>
> 拆卸内六角螺栓时，要使用专用工具。禁止使用螺丝刀等工具铣砸螺栓，以免造成螺栓损伤。

3 2 号接收 1 号传递来的工具、螺栓、发动机装饰罩并摆放到工具车、零件车的规定位置。

> 提示
>
> 发动机装饰罩为橡胶材料制成，拆卸或放置时，严禁弯折和重压。

第三步 清洁发动机上部

1号使用吹气枪将发动机上部的尘埃等杂物清理干净。

> 提示
>
> 清理发动机的上部,防止杂物进入燃油管路,污染燃油。

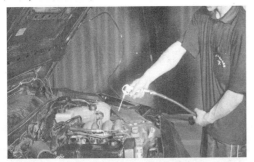

第四步 连接清洗机上的回油管

1 1号将棉纱铺设在发动机进、回油管的下方。

> 提示
>
> 在油管下方铺设棉纱,用于吸附拆卸油管时流出的少量燃油。

2 2号将鲤鱼钳传递给1号。

3 1号使用鲤鱼钳松开管道,然后用手拔下发动机上的回油管。

> 提示
>
> 拆卸回油管的操作要领,请参阅前文说明,在此不再赘述。

4 1号将适当连接管安装到燃油导轨的回油管上并紧固。

> 提示
>
> 在与清洗机配用组件中选择连接管、连接头。

5 1号将2号传递来的清洗机上的黑色回油管,通过快速连接头与燃油导轨的回油管连接起来。

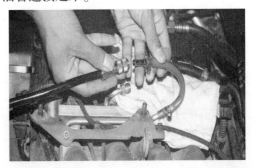

第五步　收集燃油

1 2号打开点火开关,起动发动机。

2 1号观察清洗机的储油桶内进油量,油面应位于4CYI刻度线上。

提示

(1) 发动机运转,燃油系统的回油经黑色油管进入清洗机上的储油桶内。

(2) 清洗液的数量因发动机汽缸数目不同,而有不同要求,如4缸机应位于4CYI刻度线,6缸机应位于6CYI刻度线,以此类推。

3 储油桶内收集燃油数量适当后,2号关闭点火开关,停止发动机运转。

第六步　燃油系统卸压

1 2号打开驾驶室左前门,用手拆下位于仪表台左下方的盖板。

提示

盖板通过橡胶卡卡在仪表台下方的装饰板上,拆卸后便于检查安装在中央集电盒上的熔断丝和继电器,或进行线路检测。拆卸盖板时,先稍用力取下右端,然后脱开左端的橡胶卡。拆卸时不要用力过大,否则,容易使橡胶卡折断。

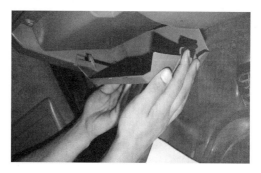

2 2号在中央集电盒上取下左起第5号熔断丝,该熔断丝控制电动汽油泵电路。

提示

第5号熔断丝的安装位置比较隐蔽,因此,拔出熔断丝时要垂直用力,严禁左右摆晃,以免导致插孔松旷和熔断丝损坏。

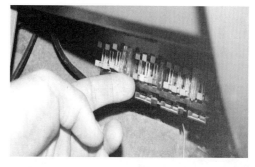

3 2号确认驻车制动器已拉紧,变速

器位于空挡后,打开点火开关并起动发动机。待发动机自动熄火后,关闭点火开关。

> **提示**
>
> (1)由于电动汽油泵的熔断丝已被拆除,汽油泵不再工作。此时运转发动机燃烧的是起动之前储存于管路中的定量燃料,随着燃料减少,油压下降,发动机转速回落,直至熄火。该项操作的主要目的是释放燃料供给系统中的燃油压力。
>
> (2)转动发动机时,注意1号、2号用口令安全确认。

4 2号将熔断丝插入中央集电盒上左起第5号插孔内,然后安装装饰盖。

> **提示**
>
> 第5号熔断丝的安装位置比较隐蔽,因此,安装时要垂直用力,严禁左右摆晃,以免导致插孔松旷和熔断丝损坏。

第七步 管路连接

1 2号将14～15mm、16～17mm开口扳手传递给1号。

2 1号使用扳手的14mm开口端和17mm开口端分别卡住进油管接头处的两个锁紧螺母,反向用力将油路连接螺母松开。

> **提示**
>
> 松开喷油器的进油管锁紧螺母时,要在管接头的下面放置一块棉纱,用于吸收断开油管时流出的燃油。

3 2号接收工具并摆放到工具车上。

4 1号将适当连接头旋入来自油箱软管接头上并紧固。

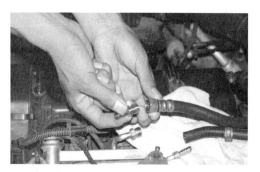

5 1号通过适当的连接管和连接头将发动机燃油系统的进、回油软管连接起来并紧固。

> 提示
>
> 通过连接管和连接头将发动机燃油系统的进、回油管连接起来后,当发动机起动运转时,燃油只是在燃油箱与燃油管之间循环流动,而不能够进入汽缸内参与燃烧。

6 1号将适当的连接头旋入燃油导轨的进油管接头上。

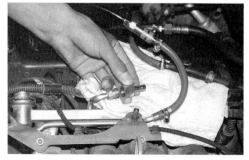

7 2号将 14~15mm、16~17mm 开口扳手传递给1号。

8 1号使用 14~15mm、16~17mm 开口扳手将管路连接头紧固。

> 提示
>
> 管路连接头紧固方法,请参阅前文说明,不再赘述。

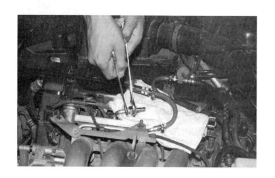

9 1号将清洗机的黄色进油管,通过快速连接头与燃油导轨的进油管连接起来。

10 将清洗机与发动机燃油系统连接后,清洗机供油取代了汽车上的油箱供油;来自汽车油箱的燃油直接流回油箱。

项目二十　检查燃油系统渗漏情况或清洗燃油系统

11 1号将压缩空气管路,通过快速连接头与清洗机上的管路连接起来。

🕐 提示

（1）清洗机采用压缩空气为动力源,建立燃油系统供油压力;

（2）清洗设备无外接电源,可防止因产生火花而导致的危险,安全可靠。

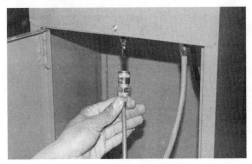

第八步　调整供油管路压力

1 1号将清洗机控制面板上的转换开关,向右旋转至极限位置。

🕐 提示

此时黄色油管供油量最大。

2 1号将调压阀拉起并缓慢向右旋转。

🕐 提示

调整供油管路中的压力,向右旋转调压阀,管路压力升高;反之,管路压力降低。

3 1号观察压力表的指针,当出现轻微振动时,停止压力调整。

🕐 提示

将供油管路压力调整到一定值,目的是检查管路是否存在泄漏现象。

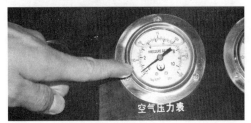

第九步　泄漏检查

1号察看连接管路的接口处是否有漏油、渗油现象。如有渗漏,应修复后再继续操作。

🕐 提示

严格遵守安全操作规范,及时排除安全隐患。

第十步 清洗发动机燃油系统

1 1号转动调压阀,加大供油压力,同时注意观察储油桶内的回油管,当出现回油时,停止压力调整。

> 提示
>
> 回油管出现回油,证明供油管路中的压力已经达到发动机的正常供油压力,此时方可起动发动机,发动机能够正常运转。否则,发动机不能起动、自动熄火、怠速抖动、加速不良等故障现象发生。

2 2号打开点火开关,起动发动机。

> 提示
>
> (1)发动机起动后,变换发动机转速,检验发动机的运行状况。如有异常情况,修复后再继续操作。
>
> (2)转动发动机时,注意安全确认。

3 发动机运转正常后。1号将燃油系统清洗剂加入到储油桶中。

> 提示
>
> (1)清洗剂加注量规定为:4缸发动机5盎司(半瓶);6缸或8缸发动机10盎司。
> 注:250mL/瓶。
>
> (2)清洗时间一般为30~60min。

4 发动机清洗完毕,1号将调压阀向左旋至极限位置,然后按下圆形旋钮。

> 提示
>
> 调整供油压力为零,停止发动机燃油供应,发动机因供油量逐渐减少而熄灭。

5 2号关闭点火开关。

第十一步 拆除清洗机与发动机的连接管路

1 1号使用螺丝刀拆下来自汽车油箱的进、回油管上的连接管和连接头并传递给2号。

项目二十 检查燃油系统渗漏情况或清洗燃油系统

2 1号拆卸清洗机上的黑色回油管及连接管。

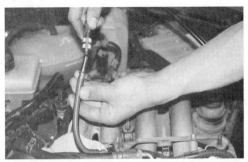

3 1号将来自汽车油箱的回油管安装到燃油导轨上的回油管上。

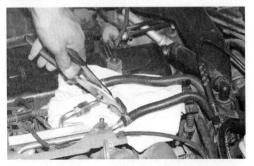

4 1号拆卸清洗机上的黄色进油管。

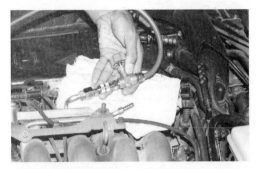

5 1号使用 14～15mm、16～17mm 开口扳手拆卸燃油导轨上的连接头。

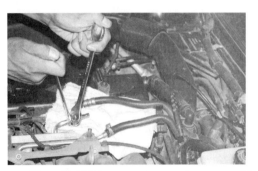

6 1号使用 14～15mm、16～17mm 开口扳手紧固来自油箱的进油管和燃油导轨进油管连接螺母。最后使用棉纱擦净管路连接处的油迹。

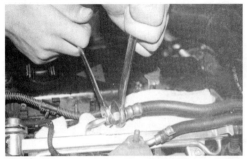

7 2号取下与清洗机相连接的压缩空气管。

8 2号将清洗机上的进、回油管放置于储存箱中。

229

第十二步　安装发动机装饰罩

2号将 φ5mm 接头、接杆、棘轮扳手传递给1号。1号使用工具将发动机装饰罩上的4条螺栓拧紧。

5min。1号观察发动机运转稳定性。2号变换发动机转速,检验发动机的响应性能和急速复位性能。1号检查有无燃油泄漏现象。若有异常,检修后,车辆再投入使用。

第十三步　发动机运行检验

2号起动发动机,保持怠速运转 3～

第十四步　整理工位

参见"整理工位"。

八、考核标准

考核标准表

考核时间	序号	考核项目	满分	评分标准	得分
40min	1	作业前整理工位	2	酌情扣分	
	2	打开并支撑机舱盖	3	操作不当扣3分	
	3	安装汽车保护罩	4	酌情扣分	
	4	查找并拆下电动汽油泵熔断丝	4	查找错误扣4分	
	5	燃油系统卸压	6	操作不当扣6分	
	6	拆卸发动机装饰罩	5	操作不当扣5分	
	7	清洁发动机上部	4	操作遗漏扣4分	
	8	在铺设油管下方铺设棉纱	4	操作遗漏扣4分	
	9	拆卸燃油系统的回油管	3	操作不当扣3分	
	10	连接清洗机上的黑色回油管	3	操作不当扣3分	
	11	收集清洗燃油	6	操作不当扣6分	
	12	拆卸燃油系统的进油管	4	操作不当扣4分	
	13	连接清洗机上的黄色进油管	3	操作不当扣3分	

项目二十 检查燃油系统渗漏情况或清洗燃油系统

续上表

考核时间	序号	考 核 项 目	满分	评 分 标 准	得分
40min	14	调整供油管路中的压力	5	操作不当扣5分	
	15	供油管路的泄漏检查	4	检查遗漏扣4分	
	16	清洗发动机的燃油系统	10	操作不当扣10分	
	17	拆卸燃油系统进、回油管的连接管	4	操作不当扣4分	
	18	拆卸清洗机的黑色回油管	3	操作不当扣3分	
	19	安装燃油系统的回油管	3	操作不当扣3分	
	20	拆卸清洗机的进油管	3	操作不当扣3分	
	21	安装燃油系统的进油管	6	操作不当扣6分	
	22	安装发动机装饰罩	5	操作不当扣5分	
	23	发动机运转检查	4	检查遗漏扣4分	
	24	作业后整理工位	2	操作不当扣2分	
	25	遵守相关安全规范		因违规操作造成人身和设备事故的,总分按0分计	
		分数合计	100		

人民交通出版社汽车类中职教材部分书目

书号	书名	作者	定价	出版时间	课件
一、全国交通运输职业教育教学指导委员会规划教材		教育部中等职业教育汽车专业技能课教材			
978-7-114-12216-3	汽车文化	李青、刘新江	38.00	2017.03	有
978-7-114-12517-1	汽车定期维护	陆松波	39.00	2017.03	有
978-7-114-12170-8	汽车机械基础	何向东	37.00	2017.03	有
978-7-114-12648-2	汽车电工电子基础	陈文均	36.00	2017.03	有
978-7-114-12241-5	汽车发动机机械维修	杨建良	25.00	2017.03	有
978-7-114-12383-2	汽车传动系统维修	曾丹	22.00	2017.08	有
978-7-114-12369-6	汽车悬架、转向与制动系统维修	郭碧宝	31.00	2017.03	有
978-7-114-12371-9	汽车发动机电器与控制系统检修	姚秀驰	33.00	2017.03	有
978-7-114-12314-6	汽车车身电气设备检修	占百春	22.00	2017.03	有
978-7-114-12467-9	汽车发动机及底盘常见故障的诊断与排除	杨永先	25.00	2017.03	有
978-7-114-12428-0	汽车自动变速器维修	王健	23.00	2017.03	有
978-7-114-12225-5	汽车网络控制系统检修	毛叔平	29.00	2017.03	有
978-7-114-12193-7	新能源汽车结构与检修	陈社会	38.00	2017.03	有
978-7-114-12209-5	汽车检测与诊断技术	蒋红梅、吴国强	26.00	2017.03	有
978-7-114-12565-2	汽车检测设备的使用与维护	刘宣传、梁钢	27.00	2017.03	有
978-7-114-12374-0	汽车维修接待实务	王彦峰	30.00	2017.06	有
978-7-114-12392-4	汽车保险与理赔	荆叶平	32.00	2017.06	有
978-7-114-12177-7	汽车维修基础	杨承明	26.00	2017.03	有
978-7-114-12538-6	汽车商务礼仪	赵颖	32.00	2017.06	有
978-7-114-12442-6	汽车销售流程	李雪婷	30.00	2017.06	有
978-7-114-12488-4	汽车配件基础知识	杨二杰	20.00	2017.03	有
978-7-114-12546-1	汽车配件管理	吕琪	33.00	2017.03	有
978-7-114-12539-3	客户关系管理	喻媛	30.00	2017.06	有
978-7-114-12446-4	汽车电子商务	李晶	30.00	2017.03	有
978-7-114-13054-0	汽车使用与维护	李春生	28.00	2017.04	有
978-7-114-12382-5	机械识图	林治平	24.00	2017.03	有
978-7-114-12804-2	汽车车身电气系统拆装	张炜	35.00	2017.03	有
978-7-114-12190-6	汽车材料	陈虹	29.00	2017.02	有
978-7-114-12466-2	汽车钣金工艺	林育彬	37.00	2017.03	有
978-7-114-12286-6	汽车车身与附属设备	胡建富、马涛	22.00	2017.03	有
978-7-114-12315-3	汽车美容	赵俊山	20.00	2017.03	有
978-7-114-12144-9	汽车构造	齐忠志	39.00	2017.08	有
978-7-114-12262-0	汽车涂装基础	易建红	30.00	2017.04	有
978-7-114-13290-2	汽车美容与装潢经营	邵伟军	28.00	2017.04	有
二、中等职业教育国家规划教材					
978-7-114-12992-6	机械基础(少学时)(第二版)	刘新江、袁亮	34.00	2016.06	有
978-7-114-12872-1	汽车电控发动机构造与维修(第三版)	王囤	32.00	2017.06	有
978-7-114-12902-5	汽车发动机构造与维修(第三版)	张嫣、苏畅	35.00	2017.10	有
978-7-114-12812-7	汽车底盘构造与维修(第三版)	王家青、孟华霞、陆志琴	39.00	2017.06	有
978-7-114-12903-2	汽车电气设备构造与维修(第三版)	周建平	43.00	2017.08	有
978-7-114-12820-2	汽车自动变速器构造与维修(第三版)	周志伟、韩彦明、顾雯斌	29.00	2016.04	有
978-7-114-12845-5	汽车使用性能与检测(第三版)	杨益明、郭彬	25.00	2017.11	有
978-7-114-12684-0	汽车材料(第三版)	周燕	31.00	2017.01	有

咨询电话:010-85285962、85285977。咨询QQ:616507284、99735898。